9

印象科伦坡

一带一路百城记·海洋新知科普丛书

『十三五』国家重点出版物出版规划项目

陶 红亮 主编

冰河插画 李伟 绘画

海洋出版社

图书在版编目（CIP）数据

印象科伦坡 / 陶红亮主编；李伟绘画 . —北京：海洋出版社，2018.5（2025 年 1 月重印）
（一带一路百城记 . 海洋新知科普丛书）
ISBN 978-7- 5210-0085-6

Ⅰ . ①印… Ⅱ . ①陶… ②李… Ⅲ . ①科伦坡 – 概况 Ⅳ . ① K935.8

中国版本图书馆 CIP 数据核字（2018）第 069855 号

印象科伦坡

总 策 划	刘 斌	发 行 部	（010）62100090
策划编辑	刘 斌	总 编 室	（010）62100034
责任印制	安 淼	网 址	www.oceanpress.com.cn
排 版	童 虎·设计室	承 印	侨友印刷（河北）有限公司
		版 次	2018 年 5 月第 1 版
出版发行	海洋出版社		2025 年 1 月第 2 次印刷
		开 本	787mm×1092mm 1/16
地 址	北京市海淀区大慧寺路 8 号	印 张	11.75
	100081	字 数	270 千字
经 销	新华书店	定 价	72.00 元

本书如有印、装质量问题可与发行部调换

2000多年前，一群商人赶着骆驼从西安出发，一路向西，最远抵达地中海；同时，在广东的徐闻港，商人们先祭拜海神，随后扬帆出海。后来，人们将这些连接东西方的通道统称为"丝绸之路"。通过丝绸之路，中国的文明之风吹向世界各地。2000多年后，习近平总书记提出"一带一路"倡议，即共建丝绸之路经济带和21世纪海上丝绸之路，旨在"借用古代丝绸之路的历史符号，高举和平发展的旗帜，积极发展与沿线国家的经济合作伙伴关系，共同打造政治互信、经济融合、文化包容的利益共同体、命运共同体和责任共同体"。

千百年来，中国秉持"和平合作，开放包容，互学互鉴，互利共赢"的理念，和丝绸之路沿线国家进行平等的经济、文化交流。比如：明朝航海家郑和率领当时世界最大的远洋船队先后七下西洋，航迹遍布亚非，除了带去精美的手工制品外，还将先进的中华文化远播海外。

古代丝绸之路不仅推动了沿线各国的经济发展，还将中华文化带到了异国他乡。欧洲各国的贵族曾将中国瓷器视为外交礼品，阿拉伯国家的工匠结合中国瓷器工艺制造出了波斯瓷器。日本掀起过一股"弘仁茶风"，贵族将模仿中国人品茶视为一种风尚。无数西方人前往中国，泉州就曾因"南海蕃舶"常到，出现了"市井十洲人"的盛况。

如今，丝绸之路上不再有载满货物的骆驼。取而代之的，是丝绸之路经济带纵横交错的铁路网，

丛
书
序

以及21世纪海上丝绸之路上络绎不绝的集装箱货轮。古代丝绸之路的先行者早已作古，秉承先人精神的建设者们正在发挥自己的光和热。

"一带一路"倡议自提出后，就受到沿线国家的高度赞扬和支持。在经济全球化的今天，"一带一路"不仅赋予了古代丝绸之路新的内涵，还为沿线各国提供了新的机遇。

为了使人们更加深刻地理解丝路精神，我们组织相关学者共同编写了这套《一带一路百城记》。以优美的文字和水彩绘画结合的形式，艺术化地展现"一带一路"节点城市及所在国家和地区与丝绸之路相关的方方面面，包括丝路遗迹、风景名胜、文化历史、风俗习惯、物产资源等，形成对"一带一路"的完整展示，最终实现一部"唯美的一带一路静态影片"。

希望读者在阅读完这套书后，能够更深刻理解"一带一路"的意涵，对"一带一路"沿线城市有更多的感性认识，不再将其看作一个遥远的符号。

邂逅最真诚的微笑

来到科伦坡，你就能看到最真诚的笑容。此言不虚。

毫无疑问，科伦坡的风景是迷人的。无论是独立广场上的自然和宁静，还是贝塔市场中满满的生活气息，或是加勒菲斯绿地的浪漫和悠闲，都叫人心醉不已。即使不去景点游览，只在街头闲逛，人们也会被路边那些精致的欧式建筑、摇曳的棕榈树吸引住。

然而，许多去过科伦坡的人，最怀念的不是这座城市的美景，而是在此生活的人们。贝塔市场中热情洋溢、咧着嘴大笑的小贩，海上小火车中互相让座的妇女，国立博物馆里专注、友善的工作人员，在镜头下毫不羞涩的孩子，每一个都让人难忘。

科伦坡不是一个国际大都市，这里几乎没有摩天大楼，反倒是历经岁月的房屋随处可见。街道不宽敞，很少出现车水马龙的景象。设施并不现代化，最受人欢迎的海上小火车其实就是一辆老旧的红皮火车，既没有空调，空间也十分狭小。

可是科伦坡人永远都不会抱怨故乡，他们用灿烂的微笑向游客描绘了这个城市的模样：美丽、温和。

公交车上，年轻人主动为孕妇、老人让座，穿着破烂的乞丐就坐在面容精致的少女旁边，谁都不觉得奇怪；汽车启动，头顶货物的小贩打了个趔趄，马上有人扶住他；市场里，在和小贩闲聊几句后，人们便会获得小贩赠送的几个芒果或莲雾；马路上，互相打闹的孩子看到镜头后，或许会在镜头前跳起

舞来；加勒菲斯绿地上，当地人席地而坐，与游客眼神相遇后会露出自己的大白牙。

不仅仅是对人类，对那些自然界的小生灵，科伦坡人也表现出了极大的耐心。无论是在草坪上自在散步的乌鸦，还是在大树下小憩的乌龟，或是抢人食物的猴子，都生活得自在悠闲。即使有人将镜头对准它们，它们也不慌不忙，好像人类到自己的领土做客来了。它们的底气，不仅来自那些随处可见"保护动物"的告示牌，或当地保护野生动物的法律法规，还有科伦坡人看它们的眼神，那好像在看自家孩子一样温柔、慈爱的眼神。

来科伦坡转一转吧，结交友善、温和的科伦坡人，邂逅最真诚的微笑。

第一章 斯里兰卡与海上丝绸之路

第二章 科伦坡：滨海城市的迷人风情

第三章　寻找科伦坡的脉搏

第四章　感受流转的时光：斯里兰卡名胜古迹

第五章 贴近斯里兰卡的"心脏"，了解风土人情

第六章 探访斯里兰卡的宗教建筑

第七章 寻找特产中的海洋气息和热带风情

第八章 寻味科伦坡，感受不一样的滋味

TC-16008

第一章
斯里兰卡与海上丝绸之路

　　或许提到斯里兰卡，人们的第一反应是"微笑之国""佛国"。的确，在很多人心中，这个拥有绝美自然风光和独特人文风情的国家是一个旅游胜地。

　　那么，你是否知道，这个国家也是古代海上丝绸之路上的重要节点？曾经有无数的中国商船来到这个美丽的岛国？

　　接下来，让我们一起了解那段历史，了解斯里兰卡与海上丝绸之路的不解之缘。

中斯友好交往的见证者
——郑和碑

1911 年，英国工程师托马林在斯里兰卡南部港口高尔市无意间发现了一座石碑。虽然这座石碑只是一块下水道盖板，但是这位工程师还是发现了它的价值：这块"下水道盖板"碑额部分呈拱形，正反面都刻有五爪双龙戏珠精美浮雕，正面长方体四周都有中式花纹雕饰。

当人们仔细研究石碑的雕刻工艺和碑文后，确定这是由中国明朝航海家郑和带过来的，上面记载了郑和向斯里兰卡佛教寺庙布施财物供奉佛祖之事。于是，这座历史悠久的石碑重见天日。斯里兰卡独立后，这块石碑被送至斯里兰卡国家博物馆。

据史料记载，1405—1433 年间，郑和曾五次访问斯里兰卡。在 1409 年郑和第二次来到斯里兰卡时，他带来了一块刻有三种语言的石碑，并将其立于斯里兰卡的一座寺庙中。

这块石碑全称为"郑和《布施锡兰山佛寺碑》"，它还有一个更简洁的名字：郑和碑。郑和碑上一共有三种文字，分别是中文、泰米尔文和波斯文。中文的碑文，记载了永乐皇帝对释迦牟尼佛的颂扬以及对佛教寺庙的供奉；泰米尔文的碑文，记载了对印度教保护神毗湿奴的颂扬；波斯文的碑文，则记载了对伊斯兰教真主安拉的颂扬。

　　或许有些人会感到疑惑：为什么郑和碑会出现三种语言？其实，这和当时的经济、文化有关。明朝时，来中国做生意的商人主要是阿拉伯人，故而碑文中有阿拉伯语；而使用中文和泰米尔文，则反映了中国和斯里兰卡之间的文化、经济的交流。

　　虽然因长期被水浸泡，郑和碑上的文字已经无法完整辨识，但是当人们看到这块古老的石碑时，依然能够想象出古代海上丝绸之路的辉煌。正如中国驻斯里兰卡大使馆外交官沈鸣所说："郑和于公元 1405 年至 1433 年间七下西洋，在海外各国曾多有布施立碑记载，但时隔600 多年，就碑而言，在海外遗迹尚能幸存者，仅此一件，文物史料价值极高。此乃中国古代海上丝绸之路和中斯友好交往的实物明证，弥足珍贵。"

海上丝绸之路上的明珠
——科伦坡港

层层错落有致的五彩集装箱、一艘艘停靠在岸边的巨舶、一个又一个忙碌却充实的斯里兰卡人，这里就是科伦坡港。

作为一个世界性港口，科伦坡历史悠久。早在8世纪初，阿拉伯人就在此筑屋定居，当时称为"科兰巴"（港口和芒果树之意）。14世纪时，无数从广州、泉州出发的中国商人，带着满满一船的瓷器来到这里，在此补给淡水，用瓷器和当地人交换香料。16世纪时，葡萄牙殖民者占领了这里并建立了军事要塞，将它的名字译为"科伦坡"。

如今，这个拥有深水泊位，辐射范围广至印度、巴基斯坦等国家的港口，已经成了21世纪海上丝绸之路上的新明珠。码头集装箱的吞吐量逐年上升，在看到那些准备起航的万吨巨轮时，人们似乎看到了那些因"一带一路"倡议而获益的斯里兰卡人脸上的笑容。

第二章

科伦坡：滨海城市的迷人风情

生长在内陆的人，一定会爱上这座城市。因为在这座城市里，即使你漫无目的地散步，也能发现风儿在你身边快乐地旋转——那是来自印度洋的礼物。

对科伦坡人来说，在印度洋畔散步是再平常不过的事情。若有时间，他们还会去与大海玩耍——去尼甘布海滩、本托塔海滩、黑卡杜瓦海滩潜水、冲浪、捡贝壳……

世界最美海滩之一
——本托塔海滩

作为世界最美丽的沙滩之一，本托塔海滩拥有迷人的容貌。

当你来到这里，甚至还没有赤足走在沙滩上，你就会爱上这片海滩。

这里的沙滩是焦糖色的，因而又被称为"砂糖海岸"。有人说，这片海滩就像一杯浓香四溢的奶茶。的确，那焦糖色的沙滩就像一杯浓香四溢的锡兰红茶；而那时不时到沙滩上"串门"的浪花，如同散发着香气的牛奶。这片海滩与奶茶唯一不同的地方在于，这里没有浓郁的奶茶香，唯有海风带来的丝丝海洋气味。

在沙滩上散步是一件惬意的事。这里的沙子极软，所以即使你放轻了自己的步子，也会在这片沙滩上留下一串串脚印。更别说这里的沙子犹如冬天温暖的棉絮，总会温柔地包裹着你的脚，让你舍不得离开。

这里不仅仅是游客的天堂。不远处的礁石附满了蛤蜊，虽然人们听不懂蛤蜊的语言，但是也能体会它们此刻的心情。小螃蟹在礁石下快速地闪过，不知道在忙碌些什么。或许在人们为它们惊呼时，它们还在嫌弃这些无所事事的人类呢。

作为一个开发完好的海滩，本托塔海滩对水上运动爱好者尤为友好。在这里，你可以垂钓、冲浪，还可以玩摩托艇、帆船，甚至可以沿着本托塔河漂流，去看野生动物。

总之，如果你厌倦了躺在海滩上晒太阳，就来本托塔海滩吧。在这里，你可以毫无顾忌地和大自然玩耍。不过，大自然可不是个温柔的玩伴。一个浪打过来，你就可能被掀翻。

原始、静逸的美瑞莎海滩

美瑞莎海滩是斯里兰卡南部三大海滩中最晚开发的海滩，还保留着迷人的自然气息。

这片海滩像一个被父母保护得很好的姑娘，虽然独立能力比较差，也不擅长应对复杂的情况——这里没有精致的度假屋和繁多的游乐设施，说实话，它只是一个比较大的村子而已，要是你走得快，一个小时之内就能逛完。但是它保留了孩子般的天真，让你不自觉地爱上它的自然和真诚。

不过这并不意味着游客只能坐在海滩上发呆。美瑞莎海滩附近海域生物蕴藏丰富，是世界上最好的观鲸地之一。每年 12 月到次年 4 月，游客纷至沓来，只为一瞥鲸的身姿。坐着观鲸船出海，途中和海豚相遇，和其他观鲸船一起追逐鲸，被鲸喷出的水雾打湿衣服，是一种奇妙的体验。若是运气好的话，游客不仅能看到蓝鲸，还能与抹香鲸和鲸鲨相遇呢。

玄黑卡杜瓦海滩考潜水证

在黑卡杜瓦海滩考潜水证是一个不错的决定。

来到这个海滩度假胜地后，你会发现这里有很多潜水学校。这里仿佛是一块磁铁，吸引了世界各地的潜水爱好者。为什么会这样呢？因为黑卡杜瓦海滩是全球十佳观赏水下珊瑚的沙滩之一。

试想，有什么事情比潜至水下，尽情地观赏在海底摇曳的珊瑚，和可爱的热带鱼一起玩耍更有趣？因此，一拨又一拨潜水爱好者来到这里，尽情享受潜水的乐趣。而那些没有潜水经验的人，也兴致盎然地走进这里的潜水学校。考取最基础的潜水证——开放水域初级潜水员证只需要 4 天的时间。在这 4 天里，学员们除了要学习理论知识，还要在游泳池中学习潜水技巧和在教练的指导下完成下潜。大多数学员能够在最后一天拿到潜水证，只有少数会选择放弃。

拿到潜水证的学员庆幸自己选择了坚持。因为他们发现，浮潜时四散而逃的海鱼，深潜时对自己格外热情。而那些鲜艳美丽的珊瑚，则将自己引入了奇妙的海底龙宫之中。

休闲度假胜地
——乌纳瓦图纳海滩

乌纳瓦图纳海滩或许是最适合度假的海滩。

关于度假这件事情，有些人十分纠结。他们希望去一个犹如世外桃源的海滩，却希望这个海滩的设施不要太落后。而他们来到开发完好的海滩时，却抱怨这里为何如此嘈杂。鱼与熊掌不可兼得，他们似乎注定要做出取舍。

其实，也有设施成熟但是又不会太过喧闹的海滩，乌纳瓦图纳海滩就是其中一个。

乌纳瓦图纳海滩位于加勒，是一个著名的旅游景点。此处设施完善，海边矗立着一栋栋精致的度假屋，而提供海上娱乐项目的旅行社就在不远处。如果你在海滩上转一圈，还能发现不少贩卖纪念品的小商店。

诚然，这里也有游客，如那些在不远处冲浪和浮潜的年轻人。但是，相比其他著名的海滩，乌纳瓦图纳海滩算得上"不太受欢迎"。因为即使是阴凉的下午，这里也不会出现人头攒动的景象，唯有三三两两的游客在海边散步，难怪西方人认为乌纳瓦图纳海滩是个难得的休闲度假胜地。

在蒙特拉维尼亚沙滩看落日

这是距离科伦坡市中心最近的沙滩，位于科伦坡南郊 12 千米处。

在斯里兰卡众多沙滩中，蒙特拉维尼亚沙滩算是最不起眼的一个。虽然这里也有白沙、碧海，但是沙子不够细软，也没有娱乐设施可以让人们接近大海。

所幸它的地理位置很好。坐上科伦坡——蒙特拉维尼亚的红皮火车，不需要多久，你就可以抵达这片海滩。更让人惊喜的是，科伦坡——蒙特拉维尼亚路段的火车属于"海上火车"——铁轨就在海岸线不远处。坐在火车中，你会有一种置身《千与千寻》童话世界的错觉。

因为这个原因，越来越多的人喜欢来蒙特拉维尼亚沙滩看落日。待落日将这片沙滩披上一件绛红色的外衣后，这片普通的海滩也变得美丽而神秘起来。等太阳悠悠荡荡地消失于海面后，你或许会发现：自己已经爱上蒙特拉维尼亚沙滩了。

让旅程变得完美
——尼甘布海滩

将尼甘布海滩作为旅程的最后一站最好不过。

这里离机场很近，而且有很多风格淡雅，主打自然主义的酒店。试想一下，旅程即将结束，相比急急忙忙地赶飞机，连说一句再见都没时间；找一个离机场近一点的酒店住下，闲时去细软的海滩上走走，临走之前在海滩上拍下这趟旅程的最后一张照片，是不是更令人难忘呢？

尼甘布海滩就是这样一个能让旅程变得完美的所在。

其实相比其他的海滩，尼甘布海滩并不算出彩。但是当你来到这里，看到海岸边的各色渔船、飞上飞下的海鸟，走在柔软细腻的沙滩上时，你就会被这片"其貌不扬"的海滩迷住。

和远处翻腾的海浪合个影吧！作为这趟旅程最后的纪念。

第三章

寻找科伦坡的脉搏

这座城市总能给人带来惊喜。

当你以为独立广场传递出的宁静和自然就是这座城市的全部后，贝塔市场那毫不掩饰的、充满生机的生活气息又向你描绘出科伦坡的另一面；当你想将自己留在科伦坡国立博物馆中，体会往日的时光时，德希韦拉国家动物园中的大象表演又让你感叹活在当下的美妙。

科伦坡到底是什么模样的？你不妨自己去发现、寻找。

感受科伦坡的生活气息
——贝塔市场

将贝塔市场作为旅程的第一站最好不过。

这倒不是因为贝塔市场拥有绚丽的风景，相反，虽然它有"科伦坡最大的集市"的名号，但是也不过是个大一点的市场而已。

之所以建议将这个地方作为这一场旅行的先头兵，只是因为在这个市场中，你能感受到这座城市甚至是这个国家最动人的生活气息。

知己知彼，百战百胜。有什么旅行比变成一个"到此一游"的游客，在各种景点打卡更令人扫兴？即使你"懒癌"病发，在旅程开始的前一天才匆匆忙忙地定行程，学习这个国家的文化，你也不用着急，因为可以来这个市场里补课。

让自己变得地道是需要时间的，但是假装自己是当地人却不难，你只需要一件"武器"：当地传统服饰。走进贝塔市场，五颜六色绚丽的纱丽在欢迎远道而来的游客。

绛紫色、藏蓝色、粉红色……各种各样颜色的纱丽被商贩挂在木头架子上，远远望去，如同一个神秘而璀璨的梦。

当你继续往前走就会发现，这个梦又变得平凡真实起来。因为无论是将自己的商品摆成艺术品的小贩，还是拿着一篮子"战利品"的顾客，都不是宴会厅中礼貌而又虚伪的宾客。他们咧着嘴大笑，皱着眉头讨论价格，虽然没有油画中的模特那样的美感，却别具魅力。

这里没有悠扬的音乐，也没有让人作呕的客套，和其他市场一样，这里又挤又吵，但是人们都露出最真实的面容，用最真实的语调交谈，让这个市场显得平凡、真实，又富有活力。

贝塔市场不是景点，所以不会有小贩出来迎接你，讨好式地问你是否需要帮助。大家都很忙，忙着招呼顾客、介绍商品、讨价还价。但是你也无须担心自己会受到冷落，只要你露出购买商品的意愿，小贩就会热情地招呼你。

这里很少出现强买强卖的场景。即使你试了几件沙丽，或是吃了好几瓣橘子、几块西瓜，却依旧没有购买的想法，小贩也不会转变自己的面孔，恶狠狠地强迫你买东西。

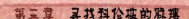

斯里兰卡是一个以"微笑"闻名于世的国家，即使在这个热闹的市场中也不例外。当你歉意地表达自己的想法后，小贩会不在意地摆摆手，露出招牌的笑容。当然，这种待遇仅限于那些不想占便宜的游客。如果你本着"蹭吃蹭喝"的想法来到这个市场，自然不会受到欢迎。

有人说，市场是最有人情味的地方。若想看一看这个城市最真实的一面，感受这个地方的情味，就一定要去市场逛一逛。的确如此。在贝塔市场中，就算什么都不买，只观察那些身披纱丽的商贩，你也能觉得自己更加贴近这座城市的脉搏。

美如画的克鲁皮提亚菜市场

来到克鲁皮提亚菜市场，让人有一种走进油画的错觉。

走进菜市场，你会被眼前绚烂的色彩吸引住。火龙果被整整齐齐摆在低一点的货架上，它的邻居是散发着香味的芒果。青中带黄的菠萝则被安放于后面的大货架上，成了所有水果的背景板。苹果和鲜橙则被摆在一起，而它们的对面是圆滚滚的西瓜。

顶棚的光打下来，水果大军变得更加绚丽多彩。即使还没有品尝过这些水果，甚至没有闻到这些水果的香味，只要远远地看上一眼，人们就已经是这个菜市场的忠实支持者了。

有的小贩别出心裁，将金橘摆成金字塔的模样。那闪耀的金色，宛如最醒目的招牌，吸引了一拨儿又一拨儿游客。

　　当然，这里的水果不仅有外在，更有"内在"。香蕉是斯里兰卡的特产，每家水果店上方都挂了几串香蕉。无须担心那些还没有变黄的香蕉，若是勇敢地咬上一口，便会发现香蕉的香味像最敏捷的短跑运动员，几秒钟的时间就已经在口腔内巡游过一圈。

　　散发着浓郁气味的果王榴莲也能吸引不少食客。相比马来西亚地区的榴莲，这里的榴莲温柔很多，它的口味清淡，吃后会有淡淡回甘。

　　水果摊不远处就是各色蔬菜摊。小贩们沿袭了一贯的审美，土豆、黄瓜、青椒、白菜、西红柿，摆得整整齐齐的。远远望去，色彩绚丽，就像一幅画。

　　小贩们很热情，会邀请你试吃。不过，你也不要被小贩的热情冲昏了头。在小贩递给你食物后，不要想也不想就往嘴里塞。要知道，嗜辣的斯里兰卡人或许会让你尝一口本地的辣椒。而这些辣椒带来的刺激感，可不是人人都能承受得住的。

如果对水果和蔬菜没有兴趣，那么不妨直接去二楼，那是海鲜爱好者的天堂。

来到二楼之后，你会惊讶地发现，这里与其说是一个海鲜市场，不如说它是一个海鲜展览馆。虽然空气中的鱼腥味，以及湿答答的地板都在显示它的身份。但是昏暗的灯光，以及将所有的灯光对准海鲜的创意举动，都让人产生一种身处展览馆的错觉。

或许小贩们并不是为了营造出一种浪漫的氛围，而是希望这些明亮的灯光能让这些海鲜显得更加生动，从而刺激消费者的购买欲。

然而，无论他们的初衷是什么，这别具特色的设计，以及在灯光中自在游动的海鱼、挥舞着大钳子的螃蟹、忙着和同类"打架"的海虾，已经让人流连忘返。即使最后什么也不买，人们也要竖起大拇指称赞一句："斯里兰卡的海鲜真新鲜！"

感受独立广场的宁静和自然

独立广场是科伦坡的标志性文化广场，也是 1948 年 2 月 4 日斯里兰卡独立仪式举行的地方。单看它的名字，人们便能感受到它的政治意义。广场上，斯里兰卡的国旗迎风飘扬。不远处，有一尊高大的人物雕像，那是斯里兰卡的开国总理、"斯里兰卡国父"——森纳那亚克的雕像。

雕像的对面是气势恢宏的独立纪念堂，它模仿康提王朝接见朝觐者的大厅而建。这座纪念堂建造在高台之上，砖红色的屋檐与远处的草坪和巨大的棕榈树相互映衬，自有一份气势。屋檐下的石柱犹如忠诚的卫兵，让这座建筑多了一份庄严。走近后，你会发现每一个石柱上都有佛教图案的雕刻，石柱的顶部则是莲花造型的雕饰。而这些雕刻为这座建筑带上了宗教气息。

25

　　独立纪念堂的视角很好，可以清楚地感受到这座城市的美丽——绿色的草坪围绕着纪念堂，不远处的小水池倒映出湛蓝的天空。即使是夏天也不会感到炎热，因为建造者用石柱代替了高墙，微风过处，送来阵阵清凉。

　　围绕着独立纪念堂的 60 只石雕狮子是最耀眼的明星，它们形态各异，栩栩如生，体现了康提文化的风格。当地人认为狮子是这个国家的守护神，而一个石狮子就代表了一个斯里兰卡的国王。当地人将这些石狮子放在独立纪念堂前，蕴藏了希望得到祖先庇护的心愿。

　　对游客来说，这个广场最吸引人的地方，既不是独立纪念堂精美的雕饰，也不是颇具气势的人物雕像，而是这里的自然宁静之感。

　　虽然没有人会忽视那随风飘扬的斯里兰卡国旗，但独立广场却不是一个需要人们脱帽致敬的场所。这里没有荷枪实弹的卫兵，除了拿着相机走走停停的游客，就是靠在石柱上看书的当地人。

　　这些当地人并不是来此附庸风雅的，只看他们的书页就可以知道——书有点卷皮了，也不知道看了多少遍。有的人的书上写满了笔记，字迹十分潦草，即使你不熟悉当地文字，也能知道那些字绝对算不上"好看"；有的人的书上画满了图案——这些图案的创作者都没有限制自己的想象力，所以与其说这些是图案，不如说它们是一种暗号。

　　这些人的坐姿也很不标准。有的人懒洋洋地靠在石柱上，恨不得将石柱变成沙发；有的人看累了，就歪着头发呆，他们盯着纪念堂顶部的浮雕石板，似乎在冥想。

　　从某种角度上来说，这些前来休闲、看书的当地人更像是来砸场子的。原本庄严肃穆的场所，因为有了这样一群自在温和的人们，而变得平易近人起来。如同那站在神坛之上的圣女，突然来到了人们身边，变成了亲切自然的大姐姐。

人们并不在意这座广场的建造者到底想向别人传递什么样的意涵，在经过了无数的日出日落后，这座广场已经变成了当地人的生活场所。

新婚夫妻很喜欢来这里拍摄婚纱照。绿树映衬着新人的笑脸，石柱上的佛像似乎在祝福新人，一尘不染的天空是最好的背景板。草坪上的小鸟飞起飞落，偶然会停留在新娘的白色婚纱上。这时，鸟鸣声和新人的笑声就成了这座广场上最美妙的乐章。

让海风吹走疲惫
——加勒菲斯绿地

当晚霞为这座城市披上一件暗红色的外衣时，加勒菲斯绿地就变得热闹起来。

加勒菲斯绿地地处科伦坡要塞区的心脏地带，是沿海观光带。早在几百年前，这里是荷兰殖民者的堡垒。而当英国殖民者来到这座城市后，发现将这个地方当做军事要塞未免有些暴殄天物，于是他们在这里建起高尔夫球场、赛马场和板球场。

那时的加勒菲斯绿地虽然已经发现了"新世界"，但是格局太小——只有英国殖民者才能欣赏美景。直到斯里兰卡独立，这个能将海景一览无余的广场才成了当地人休闲娱乐的场所。

夕阳西下之时，当地人喜欢来到这个绵延500米的广场，沿着海岸线走一走，让海风吹走一天的疲惫。

　　这里是最佳的放风筝场所，年轻的父母喜欢带着孩子来这里放风筝。孩子只需握住手中的线，最多往前跑几步，风筝就会在海风的帮助下轻飘飘地往天上飞去。

　　因而，天气好的时候，这里几乎变成了风筝大赛的举办地。红的、绿的；小燕子图案的，老鹰图案的；平面的，立体的……各式各样的风筝在加勒菲斯绿地上空翱翔。有的风筝飞得极高，似乎再飞远一点，就会躲进云层中。

　　也有来此约会的人。女孩装扮精致，晚霞让她多了一份温柔。虽然天色已暗，男孩看不见女孩的脸，但是落霞中那份温柔的神情，却让男孩心醉不已。和心爱的人牵着手，在这个带状广场散散步，听海风悠长的歌声，看海浪百无聊赖地来来去去。即使什么都不说，也很美好。

　　游客自然也很喜欢这样的浪漫，不过最吸引他们的，还是小推车上的美食。并不是游客太贪吃，而是经过了一天高强度的"拉练"，谁能不被小推车上诱人的香味所吸引呢？

　　绿色的小推车贩卖的是一种叫"hopper"的小吃。这种小吃是米糕汁做成的，小贩将其烤成了薄薄的一层，有点像中国煎饼果子的外皮，酥脆可口，让人回味无穷。

　　不过和煎饼果子不一样，hopper被做成了小碗的形状，大小也比煎饼果子小很多。你可以在这个"小碗"中加各种馅料：鸡蛋、芝士、蜂蜜，让不同的食材在自己嘴中发生化学反应。

　　红色的小推车卖的是椰子。作为一个地处热带的城市，科伦坡似乎永远都不会被椰子抛弃。这里的椰子味道很好，椰子水甘甜可口，甚至有人直接买来当矿泉水喝。这可不算一种奢侈的行为。事实上，当地的椰子比矿泉水还要便宜，即使是热门景区，椰子的价格也不过 50 卢比（约合人民币 2 元）。

　　贪心的游客总是抱怨自己的手不够多：一手拿椰子，一手拿hopper，就没有办法买更多的美食了。偏偏蓝色的小推车还散发出让人忍不住流口水的香味。怎么办呢？这大概是最甜蜜的烦恼了。

在贝拉湖倾听自己内心的声音

乍一看，贝拉湖和普通的公园没什么两样。

诚然，这片湖泊安静而富有灵气，但是这样的景色并不少见，在很多公园中都能看到这样的美景。

因此，你无须将这个地方当做景点，特意来游览。不过贝拉湖也有自己的优势，它地处科伦坡的城市心脏处。也就是说，当你在这个城市穿梭时，总有那么一两次要路过这个秀美的公园。

将这个地方当做繁忙旅程的停靠站很不错。

贝拉湖两岸随风摇曳的大树投下浓重的树荫，倚在树干上，看不远处的白鹭飞起飞落，大约会有一种"偷得浮生半日闲"的惬意。

当将贝拉湖当做停靠站时，它的美妙就凸显出来了。这里不仅有长椅、大树、花香，以及自在玩耍不怕人的白鹭和鸬鹚，还有可以免费参观的木造楼阁水中庙。

　　或许你一来到贝拉湖，就会被这个颇具异域风味的建筑所吸引：蓝色的屋顶和白色的栏杆相互映衬，几尊佛像反射出晶莹的光，不远处白鹭扑腾翅膀，让这座建筑显得神秘而富有灵气。

　　水中庙曾是僧人受戒、集结的场所，如今已是冥想和禅修的中心。因此，这里永远都不会缺少穿着朴素、正在冥想的修行者。从某种角度来看，这些修行者已经成了水中庙的一个景点。因为看见他们气定神闲的模样，一心想快点赶路的旅行者也会不自觉地沉下心来，靠墙坐下，闭眼静思，感受微风拂过自己的衣袖，聆听不远处的鸟叫声。

看流转的时光
——科伦坡国立博物馆

在看到这个博物馆的第一眼，我们就决定放慢自己的脚步。

从外形上来看，这里实在不像一个博物馆：白色的英式建筑、翠绿的草坪、蔽日的古树，让它更像一座古老的城堡。如果此时有一辆马车从远处驶来，从车上走下一个戴着手套和帽子、妆容精致的贵族小姐，我们也不会感到奇怪。

虽然这个博物馆大名鼎鼎，但是我们并没有急着进去参观。因为那古树垂下来的长须，已经让我们忘记了博物馆中珍贵的藏品。在古树下、博物馆前拍张照吧！即使那巨大的树冠让我们变成了霍比特人。

在被博物馆外的美景俘虏了之后，我们不由得对博物馆中的展品有了一份期待。幸而这个古老的博物馆也没有让我们失望。

　　科伦坡国立博物馆很大，馆内珍藏着从斯里兰卡史前时代到现代的近万件文物。有人说，参观博物馆就是一次寻宝之旅。的确如此。即使我们对这个国家的历史不甚了解，也能在这里发现别样的乐趣。

　　博物馆中有一尊精致生动的黑色佛像。有趣的是，在这尊具有斯里兰卡风情的佛像上，我们感受到的不是庄严肃穆，而是灵动活泼。因为这尊佛翘起了自己的左腿，抬起了自己的右手，歪着头，嘴角有些许笑意，似乎十分满意自己的舞姿。

　　博物馆内类似的展品还有很多。比如：一尊闲适地靠在椅子上的雕像，似乎在向人们诠释斯里兰卡式的"葛优瘫"；还有一尊翻着白眼的金色雕像，似乎在说："你们这些愚蠢的人类。"而那尊双手交叉放在胸前的石像，好像在说："心疼自己，抱抱自己。"

康提国王的铠甲及狮子王座是这个博物馆的明星。铠甲的花纹繁复，自有一种王者气息。参观者围在玻璃罩前，眼睛一眨也不眨地欣赏这件精美的文物，似乎在想象几千年前，当康提国王穿着这件闪耀的铠甲，骑着大象出现在士兵面前时，会给他们带来多大的震撼。

狮子王座则是一件更加"简单粗暴"的文物，在看到它的那一瞬间，我们就被其闪耀的金色晃得睁不开眼。

这件文物无须文字介绍，它自带气场：精美的雕刻、没有一丝杂质的金色、柔软的砖红色背靠，以及扶手上栩栩如生的两尊狮子雕像，都能让人感受到其背后隐藏的无上皇权。我们毫不费力地想象到，一个长相普通、眼神温柔的国王坐上去后，一瞬间就能成为真正的王。

让我们惊喜的是，在这个满是斯里兰卡壁画、手工艺品、雕像、古面具的博物馆中，竟然发现了熟悉的珍宝：中国瓷器。

中国瓷器被安放在一个大型的展览柜中，这个展览柜被分成了好几层，淡黄色的光从最高一层打下来，让这些画有山川、鸟兽、素色花纹的瓷器更加美丽。

博物馆中与中国有关的文物还不止于此。那座顶端刻有二龙戏珠浮雕，正面有汉字碑记的石碑，人称"郑和碑"，是伟大的航海家郑和携带来的，上面记载了郑和来此的目的。

虽然时隔多年，这座石碑已经被时光腐蚀，但是我们依然能够想象出当时的情景：带着训练有素的士兵来到这里的郑和船队，并没有用大炮敲开斯里兰卡的大门。他们为这个美丽的国家留下的，除了这座刻有中文、泰米尔文、波斯文三种文字的石碑，还有璀璨的文明。

小贴士

开放时间：周五和节日闭馆，平常日开放时间：9:00—17:00。

参观提示：如需拍照，需要另付费获得拍照许可。

在旧市政厅及博物馆欣赏街景

科伦坡旧市政厅算得上是一个冷门景点。

其实它的外形还不错：淡黄色的墙体、砖红色的屋檐、殖民时代的建筑风格，让它显得古色古香。但是它没有雄浑的气势，很难在第一时间抓住游客的眼球，而且它隐藏在建筑群中，旁边的建筑和它长得有些类似，所以若没有迷路，人们几乎不会想到来这里一探究竟。

我们之所以来到这里，只是因为走得累了，想要找个地方歇歇脚。

当我们来到一楼，看到那些老旧的蒸汽机、城市路标等展览品时，心中不由得冒出这样一个想法：怪不得这里没有参观者。的确，虽然细细观察，我们也能发现这些旧蒸汽机和展览柜中的纺织品的趣味。但是这里太小，且展品摆放杂乱，粗心的人还会以为这个地方是个杂物间。

不过，当我们走上二楼，看到工作人员的笑脸后，对这个地方的抱怨就减少了。工作人员拿出游客签名簿，礼貌地让我们在上面签名。这时，我们惊讶地发现，虽然已经到了下午，但是上面的签名却可以用一只手的手指头数完。

这是一个清净的景点，我们可以在这里尽享安逸。

二楼有一个小型博物馆和蜡像馆，布置和摆设比一楼合理很多，通过那些逼真的蜡像、古老的家具，我们仿佛能看到那隐藏在斑驳墙体中的历史。

将木质百叶窗拉下来，窗外的街景便出现在我们眼前。那是另一个世界，窗外喧闹的、现代化的、时尚的街道，与博物馆中静逸的、古老的氛围完全不一样。站在博物馆中欣赏街景的我们，仿佛成了时光旅行者，看变幻的历史从眼前滑过。

斯里兰卡的"小白宫"
——科伦坡市政厅

科 伦坡市政厅大概是最没有"斯里兰卡味"的建筑了。

这个市政厅有一个别称：小白宫。当你来到这栋建筑前时，你会怀疑自己是否来错了地方。虽然迎风飘扬的斯里兰卡国旗、巨大的棕榈树，以及安详的佛像都在提示你：这个地方的确是科伦坡。但是这栋白色的新古典风格建筑实在太像美国的白宫，只是没有那么大，也没有那么多荷枪实弹的警察。

这座"小白宫"是殖民统治的遗留物。虽然它长得很像白宫，但是并不是美国人建造的，而是英国殖民者的作品。如今这座气势恢宏的建筑成了政府的办公地。

　　这个地方并不是一个称职的景点。当你专程来到这里后，就会发现只能和翠绿的草坪、巨大的金色佛像，以及挺立的旗杆合影。如果运气足够好的话，还能遇上几只在草坪散步的乌鸦。当然，你也能和"小白宫"合影，甚至还能假装去了美国，但是也仅此而已。因为这里是公务人员的办公地，所以不能进去参观。

　　不过你也别急着将这个地方从旅行清单上划掉。你若贸然来到这个地方，自然不能参观，但是若提前预约，不仅可以走进这个建筑，还能拜访市长。

这是科伦坡市政府推出的一个亲民活动。在周一到周五的工作时间，只要你提前预约，就可以拜访市长。当然，想要预约成功，你就要先想出一个合理的理由，如有一个关于城市建设的建议。假如你的预约理由是：我想参观市政厅，那么你十有八九无法成功。

如果你真的获准进去参观，也不用感到紧张。因为就算你将好不容易想出来的建议都忘记了，市长也不会板着脸，让气氛变僵。或许是因为见过太多像你这样的访客，所以在接待你的时候，他完全将自己当做"科伦坡旅游宣传大使"。他会亲切地问你关于这个城市的感想，并告诉你他对中国的看法。

如果你既不想在市政厅外面拍照，也不想拜访市长，这栋建筑也有其他可以让你感到不虚此行的地方。市政厅不远处就是蔚蓝的印度洋，等晚霞为市政厅披上红色的外衣后，你可以沿着种满棕榈树的大道，在海边走一走。

或许，吹着带有一丝咸腥味的海风，回头望一眼掩映在棕榈树中的科伦坡市政厅，你会觉得，这座英式建筑也有了一丝"斯里兰卡味"了。

亲切的班达拉奈克国际会议大厦

班达拉奈克国际会议大厦似乎永远都不会缺少中国游客。

如果没有提前了解这个城市，那么当你路过这个位于科伦坡东南角的八角形建筑时，你会惊讶地发现，在大厦前面的广场上飘扬的，不仅有斯里兰卡国旗，还有中国国旗。

因为这座雄伟庄严的大厦是中斯友谊的象征。

1964 年，周恩来总理访问斯里兰卡。在与当时的斯里兰卡总理班达拉奈克夫人会面时，班达拉奈克夫人提出请中方援建一个大型会议中心，以迎接 1976 年在科伦坡召开的不结盟国家首脑会议。周总理当即答应。

1973 年 5 月，这座精美宏伟的大厦正式竣工。

虽然除了飘扬的中国国旗，这座大厦看不到一丝中国风味——其大门、柱顶雕刻了独具斯里兰卡风情的狮子、荷花等图案，门口的大理石雕花柱也颇具斯里兰卡民族风情。但是实际上，无论是大厅内所罗门·班达拉奈克总理的半身像，还是展现斯里兰卡美丽国土的巨型油画，都是中国艺术家的杰作。

因而，有人说这座大厦是中国人眼中的斯里兰卡。

当中国游客来到这个地方时，难免会有一种既陌生又熟悉的感觉。之所以会感到陌生，是因为大厦不远处的巨型佛像，以及大厦内表现勤劳勇敢的斯里兰卡人民的油画，都让人清楚地感觉到自己身处异乡。

然而在大厦前优哉游哉地散一散步后，中国游客又会产生一种熟悉感。那随风飘扬的国旗、时不时传来的乡音，以及大厦对面的中国驻斯使馆，都会让人产生一种安心感。

因此，虽然这座大厦和其他宏伟的大厦没有什么区别，但是在来到科伦坡后，中国游客总要到这个精致的大厦参观并合影留念。

面朝印度洋的旧国会大厦

旧国会大厦是一栋气势恢宏的新巴洛克风格建筑。

巨大的圆柱、宽阔的草坪，以及两尊严肃的人物雕像，都在展现这栋建筑的气势。更别说大门处还有荷枪实弹的士兵，以至于前一秒还嬉皮笑脸的游客，在下一秒就换上了一副严肃、稳重的面孔。

这栋建筑建于英国殖民时期，它曾经是英国殖民政府的立法会大楼，是为了方便殖民政府各部门之间沟通衔接而建。在英国殖民时期，这栋建筑让不少科伦坡人敬而远之。这不仅仅因为它不接地气的建筑风格，还因为在那时科伦坡的大部分殖民机构都在这栋建筑中办公。有些人害怕它，害怕从这栋建筑中走出来的殖民者们；有些人厌恶它，厌恶在这栋建筑中决定的"法令"。

　　所幸，时至今日，虽然这栋建筑依然是办公场所，也不允许市民入内，但是在看到它时，科伦坡人心头已经不会涌现出复杂的感情。当他们骑着自行车、乘坐着公交车，从这栋建筑路过时，甚至不会再看它一眼。只有好奇的游客，一边细细观察这栋建筑，一边猜测它的历史。

　　对游客来说，旧国会大厦实在不算是一个称职的景点。虽说这栋建筑自有风味，但是在科伦坡众多独具特色的建筑中，它不算是出彩。更别说这里还不允许人参观，那些士兵一脸严肃地在大门前站岗，以至于乌鸦都不敢在草坪上停留。

　　不过当游客转个身，就能发现这栋建筑的美妙之处了：它面朝印度洋。汹涌的海浪声，让这栋建筑多了一份气势。在欣赏人造之美时，游客又能感受到大自然的广博和深邃。夕阳西下之时，绛紫色的光洒在大厦房顶，一切都变得宁静。带有一丝咸腥味的海风，在海浪声的鼓励下，热情地拥抱这栋建筑。游客似乎也都被海风同化，爱上这栋建筑了。

"漂浮"于大海之上的童话火车

很多人认为，想要乘坐在无边无际的大海行驶的列车，就只能穿越到童话世界中。如穿越至日本动画电影《千与千寻》中，在水天一色的世界中，和千寻、无脸男一起坐在座位上，听海浪拍打列车的声音，看远处的鸟儿飞上飞下。

其实，在斯里兰卡就有一辆"漂浮"于大海之上的列车。那就是从科伦坡出发，开往加勒，沿着海岸线行使的"海上火车"。

此外，在很多国家和地区，将身体探出火车外是被严厉禁止的危险动作。实际上，你也很难完成这一危险动作，因为大部分火车的窗户都是不能打开的。然而在斯里兰卡，你却能体验这种危险。因为这是一辆不会关窗、关门的火车。

当你来到科伦坡的火车站，也许会产生一种穿越时空的感觉，因为火车站相当复古，而当那辆老旧的红皮火车出现在面前时，这种感觉就更加明显了。

虽然有些人会抱怨这辆火车有点跟不上时代，且不说那老旧的火车皮，没有空调的车厢就让人难以忍耐。但是当火车驶出车站后，他们立刻停止了抱怨，反而开始惊叹。

　　因为无边的海面出现在眼前。海水离火车是那么近，好像风浪再大一点，就能涌入车窗内。把头伸出窗外，人们就能闻到海腥味。如果去车门处，海水就没那么矜持了，那细密的海水珠如细雨一般砸在人们脸上。

　　太阳依然很大，毫不留情地照在人们脸上。然而，火车内的乘客却丝毫不觉得炎热。带着一丝海腥味的海风快乐地在身边打转，带来了难得的清凉。

　　"挂火车"是每个游客一定会参与的节目。即将身体的一部分探出窗外，更加真切地感受这辆火车的脉搏。一开始，人们还不敢完成这个有点高难度的动作。然而，当他们尝试过一次后，就爱上了"挂火车"。

　　挂火车时，头发和衣服会有点不太听话——头发在风中凌乱，衣服则计划"越狱"，不过心却变得简单诚实了很多，因为能真实地感受到这辆火车的节奏，敏锐地接收到大自然馈赠的礼物——海风、海水珠以及花香。

　　当然，如果害怕危险，也不用勉强自己。坐在窗边或车门处，欣赏不停变换的美景也很好。看远处浮云密布的天空，近处形态各异的浪花，以及偶尔出现的砖红色民居。恍惚之间，自己好像真的穿越到了《千与千寻》中，似乎在下一站，千寻和无脸男就会走上来，坐在自己旁边。

浪漫美丽的维哈马哈德维公园

虽然维哈马哈德维公园就在科伦坡国立博物馆对面，且离科伦坡市政厅不远，但是这个公园却很少出现人头攒动的景象。在大多数时候它都很清净。

这是一个适合散步的公园。长长的步行道两旁是巨大的棕榈树，沿着步行道一直向前走，就能看到一个小型喷泉。因而，即使在闷热的午后来到这里，依然能感受到清凉。

虽然公园的建造者将步行道修建得浪漫而富有诗意，时不时能看见一个满是藤蔓的小亭子，但是当地人更喜欢青翠的草坪。

在天气好的日子，草坪上便坐满了前来野餐的家庭。他们无须担心炎热的太阳，因为公园里的参天大树早已撑起了一把把大伞，为人们挡住了恼人的阳光。

　　一家人围坐在一起悠闲地聊天，时不时从推车小贩处买些点心来吃。孩子自己玩自己的，或是在喷泉旁小心翼翼地舀水玩，或是在草地上打滚。这样的时间过得极慢，连大树都忍不住伸个懒腰，树叶随之落在孩子身上。

　　这里还是年轻人的约会场所。在蔽日的大树下，总能发现相互依偎的情侣。这个公园对单身的人有些残忍，因为即使是最迟钝的人，都能感受到这个公园洋溢的甜蜜气息。

51

来德希韦拉国家动物园看大象表演

德希韦拉国家动物园是斯里兰卡最大的动物园，也是亚洲最完善的动物园之一。

到斯里兰卡逛动物园？也许很多人很难理解其中的意趣。的确，动物园哪里都有，中国就有很多独具特色的动物园。为什么要花大半天或一天时间来观赏笼子里面的野兽，而不是去吹吹海风？或是探访古老的遗迹？

或许你也曾有过这样的想法，不过在拜访过这个动物园后，你就能明白为何这里能吸引如此多的当地人了。

一走进德希韦拉国家动物园，你就能感受到自然的气息：这里随处可见蔽日的大树，一阵风吹来，树叶发出沙沙的响声；翠绿的草地上，红色花朵慢慢地伸了一个懒腰；慵懒的藤蔓将小木亭变成了一个颇为浪漫的场所。

不知是不是因为生活在这样一个富有生气的家园中，这里的动物都格外有精神。时不时能听见狮子的怒吼声，也能欣赏百灵鸟的低语；你能看见非洲猴子在假山上跳来跳去，也能发现正在吸引雌性的孔雀。

总之，这里的动物没有被关在笼子里的焦虑感，相反，它们更像是这个地方的主人。因为它们的一个小举动而转变心情的游客，反倒成了羞涩的客人。

大象是这个动物园的明星，每天下午三点是它们的表演时间。它们的表演场地并不大——一个圆形沙池，但是它们拥有很多观众——还没到三点，沙地对面的长椅就坐满了人。

大太阳让人们心情烦闷，但是等待是值得的，因为大象的表演很精彩。大象的体形庞大，但是它们能够随着节奏翩翩起舞。那副怡然自得的模样，让人忍不住为它们喝彩。它们还能叠罗汉，就像训练有素的杂技运动员一样。有时候，你甚至会为它们感到担忧：它们并不轻巧，却只用两只脚站立，会不会出事？

你不用担心，虽然它们看上去憨态可掬，其实都是经验丰富的"老运动员"了。只有刚"出道"的小象，因为动作还不熟练，有时候会被观众嘲笑。它似乎能读懂观众的表情，如果观众没有为它喝彩，它就会夹起尾巴，一副"我不开心"的模样。

　　有时候，"老运动员"也会"耍大牌"。若是遇上一头大象心情不好的时候，你就别想看它们的团体表演了。它会赌气地站在一旁，无论驯兽员怎么哄它，它都拒绝表演。驯兽员急得满头大汗，它却一副气定神闲的模样，鼻子甩来甩去，一脸无辜地看着观众。看到它这副孩子气的模样，观众也舍不得生气了，只顾着鼓掌，给这头大象加油。

开放时间：8:30—18:00。

寻找蓝宝石 玄拉特纳普勒

除了阳光、沙滩、微笑、宗教文化，世人对斯里兰卡的印象还有盛产宝石。凭借着极佳的地理位置，斯里兰卡是世界前五名的宝石大国，甚至有人给这个美丽的国家取了一个别称：宝石岛。

斯里兰卡的宝石产量很大，直到现在，斯里兰卡的宝石出口值仍然可达每年五亿美元。这里的宝石质量也不错，星光红宝、猫眼宝石等极负盛名的宝石都来自于斯里兰卡。甚至有人说，《泰坦尼克号》中女主人公的"海洋之心"，就是斯里兰卡的蓝宝石。

因此，当游客听到科伦坡东南处有一个宝石城时，自然按捺不住寻宝的欲望。这个赫赫有名的宝石城就是离科伦坡 64 千米的拉特纳普勒。别看这个名字有点绕口，但是若你身旁有个导游，或是你精通僧伽罗语，你就会发现这个名字相当的"简单粗暴"。在僧伽罗语中，"拉特"意为"宝石"，"纳普勒"意为"城市"，这五个字合起来便是"宝石城"。

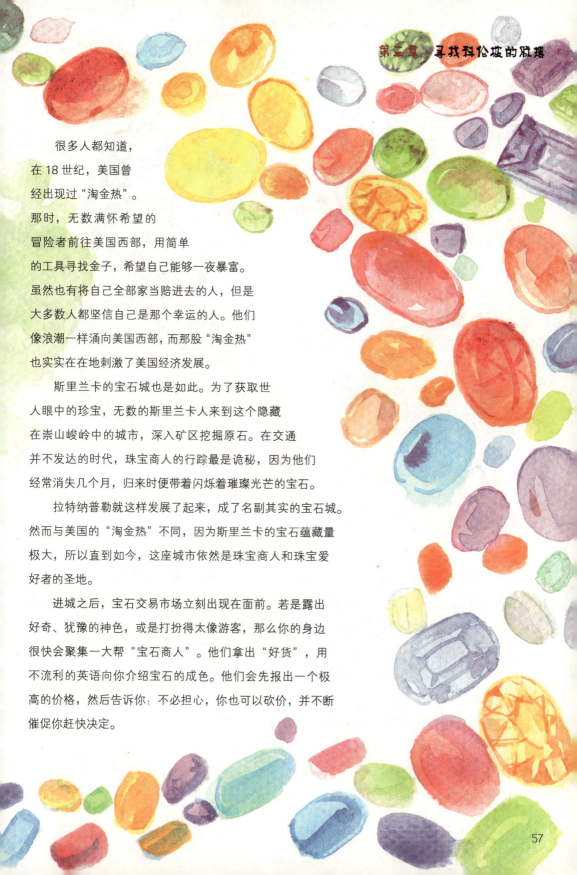

很多人都知道，
在 18 世纪，美国曾
经出现过"淘金热"。
那时，无数满怀希望的
冒险者前往美国西部，用简单
的工具寻找金子，希望自己能够一夜暴富。
虽然也有将自己全部家当赔进去的人，但是
大多数人都坚信自己是那个幸运的人。他们
像浪潮一样涌向美国西部，而那股"淘金热"
也实实在在地刺激了美国经济发展。

斯里兰卡的宝石城也是如此。为了获取世
人眼中的珍宝，无数的斯里兰卡人来到这个隐藏
在崇山峻岭中的城市，深入矿区挖掘原石。在交通
并不发达的时代，珠宝商人的行踪最是诡秘，因为他们
经常消失几个月，归来时便带着闪烁着璀璨光芒的宝石。

拉特纳普勒就这样发展了起来，成了名副其实的宝石城。
然而与美国的"淘金热"不同，因为斯里兰卡的宝石蕴藏量
极大，所以直到如今，这座城市依然是珠宝商人和珠宝爱
好者的圣地。

进城之后，宝石交易市场立刻出现在面前。若是露出
好奇、犹豫的神色，或是打扮得太像游客，那么你的身边
很快会聚集一大帮"宝石商人"。他们拿出"好货"，用
不流利的英语向你介绍宝石的成色。他们会先报出一个极
高的价格，然后告诉你：不必担心，你也可以砍价，并不断
催促你赶快决定。

　　请千万不要相信这样的"宝石商人"，他们只想温柔又快速地"宰"你一刀。至于他们手中的宝石？那大多是劣质货。真正的宝石商人都不会在街头交易，他们会请你进入宽阔而舒适的办公室，让你慢慢地欣赏宝石，再和你谈价格。

　　如果你有一个可信赖的当地朋友，也可以让他带你去宝石开采地看一看。宝石开采地一般都很诗意：连片的稻田在风中展示自己的风姿，清澈的河水从椰林旁流过。

　　然而，对宝石挖掘者来说，诗意和珍宝都是别人的，唯有辛劳是自己的。那低矮的小草棚就是他们休息的地方，不过他们没有时间休息，因为他们要进入狭小的矿井中寻找宝石。他们沿着麻绳上上下下，没过多久，他们的脸上、脚上、衣服上都沾满了泥土。

　　但是辛苦是值得的，当他们带着米粒大小的蓝宝石爬上来时，即使知道这颗宝石永远都不会属于自己，他们还是露出了动人的笑容。

既是朝圣，也是赏景
——登亚当峰

当我们来到亚当峰脚下时，夜色中朦胧的亚当峰显得格外神秘。

亚当峰，又称圣足山，位于斯里兰卡中央高原南端。它的周围是绵延起伏的群山，不远处的密林中还栖息着豹子等野生动物。不过，人们之所以来到这里，不是因为其秀丽的自然风景，或是珍稀的野生动物，而是为了山顶约 1.8 米长的凹陷大坑。

这个凹陷大坑有点像人的足印，当地人认为这是上天的使者曾在斯里兰卡停留的证据，因而将其称为"圣印"。无数的人来到亚当峰，只为朝圣。

至于这个"圣印"的来历，不同的宗教有不同的解释。

佛教徒认为，释迦牟尼曾多次来到斯里兰卡。有一次，释迦牟尼来到亚当峰，在此宣讲佛法。天神沙曼谛听完之后，当即皈依佛教，并成了斯里兰卡佛教的护法。而这个足印就是释迦牟尼讲法时所留。

伊斯兰教徒认为，先知穆罕默德曾经来到亚当峰，此足印就是先知留下的印迹。天主教徒则认为，当年人类的始祖亚当被逐出伊甸园之后，曾降落此山，并在山峰上单脚站立了近千年，因而留下了这个足印。而印度教徒认为这是大神湿婆留下的足印。

亚当峰沉默不语，没有回答，只是温柔地接待远道而来的客人。

凌晨登山是独行侠的最爱，但是在这座山中，我们并不孤独，因为我们常常遇到虔诚的朝圣者：僧人的红色僧袍在夜色中格外显眼，女朝圣者的脚环叮当作响，像是最优美的乐章。

我们虽然不能尽享此山的美景，但是登山道两旁的照明灯，让这座大山有了一种朦胧的美：不知名的小红花在寒风中自在地摇曳，沉默无言的大树像是最忠诚的卫士。

　　我们也能听到空灵的水流声，走近一看，发现这是瀑布的杰作。这里的瀑布不大，只能算是迷你型，不过它的美不在于雄浑的气势，假如说那些声名赫赫的瀑布是才华横溢的大家闺秀，那么亚当峰的瀑布就是低调内敛的小家碧玉。虽然不能在第一时间抓住人们的眼球，但是那如丝绸般美丽的面容却能让人回味无穷。而且它还有一个妙处：因为水流不大，所以不会带来让人无法抵御的寒气。相反，它那若有若无的湿气让周围的景色更显深邃。

　　亚当峰不高，大约三四个小时就能爬完，又因修建了登山道，所以它也不算陡峭。但是，或许是凌晨登山的缘故，又或许是夜色让这座山峰变得高不可攀，所以山路才过半，我们就感到了疲惫。

　　于是我们选择在路边的小茶馆歇息。登山道旁有很多小茶馆，商贩们将印度奶茶烧得滚烫，再端上一小碟斯里兰卡小吃，即使美食还未下肚，单是闻到那股香味，我们的疲惫就已经减少了一半。商贩告诉我们不远处就是山顶，不过我们很快就发现这是商贩善意的谎言。

当我们来到最顶层的光——亚当峰时，黑暗已经渐渐散去，天空变得格外湛蓝。信徒们绕着圣印转圈，口中念念有词。有的信徒在不远处打坐，不知道在这里坐了多久，他们的羊毛帽子上满是露水。

晨钟响起，太阳要出来了。朝霞为群山披上了绛红色的外衣，山下的云雾也变得清晰起来。在那一刻，所有人都变成了太阳的信众，眼睛一眨也不眨地看着远处的云海，看梦幻的光穿过云海，洒满大地。

在太阳出来的那一刻，我们忍不住欢呼起来。

游览时间：斯里兰卡分为雨季和旱季，每年的 5 月到 11 月为雨季，12 月到次年 4 月为旱季。旱季时攀登亚当峰最佳，雨季湿滑不易攀登。

路线安排：建议先游玩哈顿（Haton），之后抵达 Dalhousie 小镇。凌晨一两点开始攀登亚当峰，三四个小时后即可到达山顶，斯里兰卡的日出时间比较固定，一般在凌晨五六点左右。

第四章

感受流转的时光：斯里兰卡名胜古迹

　　如何感受这个国家的悠久历史？去古城看看吧。无论是保存相对完好的双子水池，还是只剩残垣断壁的波罗迦罗摩巴忽王宫，抑或是因兄弟相残而建造的狮子岩，都在提醒你：这里有太多故事了。你无须着急，应该慢慢走，听风儿诉说住日的故事。

隐藏在碧水之下的历史
——双子水池

科伦坡东北200多千米的地方，有一个古城：阿努拉达普拉城。这个在公元前3世纪发展起来的城市，曾经是斯里兰卡的政治、宗教中心。如今，精美的城堡已经变成了遭受风雨洗刷的遗迹。曾经的巨大浴池，如今只剩一池碧水。人们只能站在宫殿的废址上，感受这个城市的古韵，倾听那回荡在风中的传说。

双子水池是阿努拉达普拉城中一个颇具代表性的景点。相比城中大多数"只可意会不可言传"的遗迹，双子水池算得上保存完好。在这里，你能够清楚地看见精美的、刻着各种动物的石板，欣赏连体浴池处栩栩如生的眼镜蛇石雕。

双子水池既是阿努拉达普拉城中最精美的浴池，也是斯里兰卡人民智慧的结晶。它之所以被称为"双子水池"，并不是因为它有两个一模一样大的浴池。相反，南边的浴池比北边的浴池要小得多。只是因为人们用一条地下管道将这两个浴池连在了一起。过滤之后的水通过狮子头喷泉流入北边的浴池，之后通过地下管道流入南边的浴池。最后，这些水会流向城中各处。

也许每一个参观双子水池的人都会升起这样一个念头：这个浴池未免太过奢侈！的确，

即使是比较小的南浴池，其长度都有 28 米。而北边的浴池，竟然有 40 米长！与其说它是浴池，不如说它是游泳池。

你可别急着痛斥古代统治者的腐败和奢侈。事实上，这个浴池并不是给国王准备的，它的使用者是曾经生活在此的僧侣。

古时，人们用水很不方便，工匠们在此修建了这两个巨大的浴池，供在这里生活的五千多个僧侣洗澡。人们从远处引来水，洗过澡后再将水引到稻田中，以节约用水。

游客或许很难想象几千个僧侣在这两个浴池中洗澡的情景，因为虽然卷曲的眼镜蛇依旧守护着双子水池，但是这里早已不见僧侣的身影，他们似乎与那些勤劳的阿努拉达普拉城居民，以及金黄的稻田一起化作了历史的尘埃。

这里只剩下一池碧水，倒映的也不再是虔诚的佛教徒，而是拿着相机满眼好奇的游客。

夕阳西下之时，不远处的佛塔投下长长的影子，晚风不请自来，水中的倒影随之被剪碎。晚霞让一切都变得宁静而美丽，快门声越来越少。或许，只有在这个时刻，人们才能透过那朦胧的夜色，看见那些戴着念珠、安静虔诚的僧侣。

阿努拉达普拉城中的菩提树

阿努拉达普拉古城中最著名的景点大概是那棵枝繁叶茂的菩提树。

两千多年前，阿育王之女僧伽蜜多来到斯里兰卡弘扬佛教。而跟着她一起来的，除了她那颗虔诚的心，还有释迦牟尼佛成道的那棵菩提树的一颗种子。她将那颗种子种在阿努拉达普拉城中，后来，种子长成了菩提树，菩提树成了阿努拉达普拉古城的中心，也成了无数斯里兰卡佛教徒心中的圣树。

虽然在南印度入侵之后，这座盛极一时的古城变成了废墟。但是当人们在密林中找到这个消失多年的文明时，惊讶地发现传说中的菩提树并没有消失。相反，它伸展着自己的枝叶，似是在欢迎冒险者。

释迦牟尼佛成道的那棵菩提树已经消失，但是它的一颗种子却开枝散叶，散发着无限的生机。对佛教徒来说，这是一个奇迹。

因此，信众从世界各地来到阿努拉达普拉古城，只为参拜这棵古老的菩提树。

在菩提树前，你闻不到檀香的气味，只有淡淡的莲花香气。常有穿着校服的斯里兰卡学生，手中捧着一株盛开的白莲，小心翼翼地将其放在菩提树下。

在这里，每个人都赤着脚。因为菩提树是极为珍贵的佛教圣物，在进去参观前，每个人都要脱下鞋袜，以示尊敬。

菩提树不远处，坐着很多虔诚念经的信众。他们双手合十，虔诚地念诵经文。虽然他们互相不认识，但是他们念经的速度却可以保持惊人的同步率。这种同步率让经文变成了一首诗歌，即使不是佛教徒，也忍不住驻足倾听。

菩提树则默默地伸长自己的枝叶，为这群虔诚的信众带来一片清凉。

供千余名僧侣居住的黄铜殿

阿　努拉达普拉古城的黄铜殿特别好找，只要沿着道路一直往北走，找到那个在阳光下闪着光的黄色屋顶就可以了。

黄铜殿又称伯拉贞宫遗址。原为杜图盖穆鲁国王所建，是一座 7 层的建筑，有约 900 间房屋供在此修行的僧侣居住。不过，这个宫殿在建成后 15 年被毁。

直到公元 12 世纪，波洛罗摩婆诃国王重建了这座恢宏的宫殿。如今，人们看到的排成 40 个同心圆的 1600 根石柱，就是为了支撑巨大的铜质圆顶而建造的。

那时，黄铜殿不仅仅是僧侣们休息的地方，还是给人带来艺术享受的宫殿。黄铜殿的外形像一把白色的法伞，似乎在庇佑生活在此的人们。屋檐下挂满了小银铃，微风过处，银铃叮当作响，清脆动人。宫殿内雕刻精致的佛像被层层香花围绕，僧侣们在佛像前念诵经文，声音悠远。

如今，这个气势恢宏的宫殿只余 1600 根石柱和一个黄色屋顶，人们只能站在围栏之外，想象当时盛大的场景。

代表着生命轮回的月亮石

其实在阿努拉达普拉古城中，月亮石随处可见。每一个宫殿门口，都有这样一个半圆形的雕刻。然而令人感到遗憾的是，月亮石大多残缺不全，人们只能从那些碎片中寻找无尽的意涵。

如果你在阿努拉达普拉城东北角散步，看见一个只有石柱和门的遗址时，请千万不要错过这个地方。因为在这个遗址的入口处，有阿努拉达普拉城中保留得最为完整的月亮石。

这里的月亮石由一圈圈同心半圆组成，每一圈都雕刻着不同的动物，代表了不同的意义。

最外圈是火焰，象征着人类世界，但它代表的不是人类世界的美好，而是充斥于人类世界、推动着人类发展、让人类自相残杀的欲望。

第二圈雕刻了大象、马、狮子和公牛。其中大象代表了生，马代表了老，狮子代表了病，公牛代表了死。生、老、病、死，这是每一个人类都摆脱不了的命运，也是每一个兴盛的王朝、国家的命运。

第三圈雕刻了飞鹅，这是善与恶的界限。

第四圈雕刻的是莲花，这是佛教极乐世界的象征，也是无数佛教徒向往的乐园。

当你了解了这些雕刻背后的意义，便能读懂这个看似复杂的月亮石了。月亮石的意义在于轮回。一个对自己没有任何要求，让欲望肆虐的人，是欲望的奴隶。而每一个修行的人，都希望自己能够摆脱欲望的纠缠，看透世间的轮回，找到心中真正的善，从而获得永恒的快乐和宁静。对佛教徒来说，就是摆脱轮回，进入极乐世界。

斯里兰卡人民将月亮石安放在宫殿的台阶上，是为了让每一个踏上台阶、准备进入宫殿的人，都能净化自己的身心，让精神获得质的飞跃。

如今，人们只能在围栏之外欣赏这块精美的月亮石。不过即使不能站在上面感受这块石雕带来的神圣感，能够细细品味月亮石蕴藏的古韵也很好。

波罗迦罗摩巴忽王宫遗址中的繁华

距科伦坡 210 多千米、阿努拉达普拉城 90 多千米的地方，有一座与阿努拉达普拉城齐名的古城——波隆纳鲁沃古城。

公元 10 世纪末，阿努拉达普拉城开始衰落，这个曾经的政治、宗教中心繁华不再，人们开始寻找一个新的、适宜居住的城市。最终，人们将目光锁定了阿努拉达普拉城西北的波隆纳鲁沃城，并在此修建宫殿、佛寺。不过短短几十年，这个城市就取代了阿努拉达普拉城，成为斯里兰卡的首府，同时获得了"花园城市"的美称。

这种繁华持续了近 4 个世纪，直到公元 14 世纪，波隆纳鲁沃城开始衰落，它的命运和阿努拉达普拉城极为相似——遭受外敌入侵。最终被人们遗忘，被埋葬于历史的风沙中。

20 世纪初，斯里兰卡人在此修建起现代化的城市，同时保留了波隆纳鲁沃古城的遗迹。如今，无数的游客乘着火车、汽车等现代化交通工具来到这个古代都城，欣赏那些经过几百年风雨后依然恢宏的建筑。

波罗迦罗摩巴忽王宫遗址是这个古城中最具代表性的遗址。作为国王的宫殿，即使只剩地基，它也有自己的气场：精美的月亮石、宫殿入口处造型各异的大象浮雕、宫殿东边莲花形状的浴池、栩栩如生的狮子石像，都在提醒人们它曾经有多么庄严和精致。

即使这座王宫只剩下两层遗址，但是斯里兰卡人依旧对它保留了足够的敬意：每一个进去参观的人都要脱下鞋袜，摘下帽子，那些穿短裤、短裙的人甚至可能无法入内参观。午后，赤足走在滚烫的石子路上，游客仿佛能感受到千年前那些等待国王召见的人内心的紧张和焦虑。

　　那两层高的墙壁早已斑驳不堪。墙上的洞口大概是安装窗户的地方，不过现在早已不见精致的窗户，只剩明亮的光从洞口穿过，洒在满眼好奇的游客身上。

　　夕阳西下时，这个遗址也变得温柔。那些早已变黑的墙壁染上了晚霞的颜色，岁月的痕迹也不那么明显了。夜幕降临，一切都变得模糊。唯一清楚的是造型各异的动物浮雕，以及安详的、位于宫殿中央的佛像。

小贴士

开放时间：7：00—18：00。

注意：需要在湖边博物馆购买门票，古城门口没有售票窗口。

提拉卡佛殿

直入云霄的兰卡

兰卡提拉卡佛殿的屋顶已经不复存在，但是或许是因为这个原因，它才能带给游客震撼感。站在佛殿入口处，没有人不会被这座佛殿的高度所震慑。这两座高约 17 米的围墙，就像两座看不到顶的天梯，直入云霄。

身处佛殿之中，就像站在一个巨大峡谷深邃而平缓的谷底，墙壁上那尊无头佛像犹如悬崖，让人不由得感叹自身之渺小。

巨大的无头立佛后面是一段有些昏暗的路，当地人又将其称为"冥想之路"。据说，当年在此修行的僧侣每天都要在这条道路上冥想，这是他们的日常功课之一。

游客喜欢在这条昏暗、湿滑的道路上散步。有的人自在地和同伴交谈，有的人神情肃穆，口中还在念诵经文。这倒不是游客突发奇想，想要变身成古代的僧侣。而是来到这样庄严宁静的佛殿中，看着那尊巨大佛像和墙上形态各异的浮雕，步履匆匆的游客也会不自觉地放慢脚步，用心感受这座古城的心跳。

斯里兰卡境内最大的石碑
——石书

在游览过兰卡提拉卡佛殿后，再去欣赏记载着古代王朝历史的石书，你就不会像个乡巴佬一样感叹了。

这是一块石碑，因其形状类似佛教书籍，所以被当地人称为"石书"。石碑很常见，似乎没什么值得游览的，尤其是在读不懂铭文的情况下。但是这块石碑却能吸引来自世界各地的游客。为什么呢？因为石书不是以内容取胜，而是以重量和体积吸引游客的。

它是斯里兰卡境内发现的最大的石碑，长约 9 米，宽约 1.5 米，重约 25 吨。据说，当时的国王派人从距波隆纳鲁沃城约 90 千米远的米辛特莱将这块石碑运过来。在交通并不发达的古代，这是个艰辛的任务。

如今，这块装饰着大量天鹅图案的石碑静静地躺在波隆纳鲁沃古城中，向人们讲述古老的历史。不过令人感到遗憾的是，在这块石碑上，只记录了发号施令的尼散迦摩罗国王的事迹。而那些勤劳而智慧的工匠，似乎早已被历史遗忘。

藏在原始森林里的宫殿
——狮子岩

距科伦坡东北方向约 170 多千米的地方，有一个与柬埔寨吴哥窟齐名的古城：锡吉里亚古宫。

如果没有亲眼见过锡吉里亚古宫，也许你不会相信，在这片生活着狮子、老虎等野生动物的原始森林中竟然有一座宫殿。这座宫殿凌空独立，像一头巨大的狮子，因而又被人称为"狮子岩"。

这座宫殿之所以隐藏在原始森林中，不是因为建造者想要归隐山林，它的故事是一个因皇位而导致的悲剧。

4 世纪时，僧伽罗王国的国王达图塞纳是天下第一舒心人：人民敬爱他，国家没有遭到外敌入侵。但是当年纪越来越大，他不得不面对一个难题：应该将皇位传给哪一个儿子？

长子卡西雅帕由爱妃所生，次子目犍连由皇后所生。他虽然偏心长子，但是又不想打破传统：立嫡不立庶，皇位理应由皇后所生嫡子目犍连继承。或许是因为他给了长子太多的希望，又或许是因为他太过骄纵长子，所以当他宣布自己的决定——将皇位传给次子目犍连时，卡西雅帕也做出了自己的选择：不惜一切代价也要获得皇位。

　　被权力冲昏了头的卡西雅帕活埋了父亲，而当他准备将屠刀对准自己的弟弟时，目犍连已经提前得到消息，逃到了印度。成功登上皇位的卡西雅帕自立为迦叶波一世，开启了他的时代。然而，或许是因为害怕父亲的冤魂会来找自己索命，又或许是害怕流浪在外的弟弟会回来复仇，卡西雅帕并没有感到满足和快乐。相反他惶惶不可终日。

　　即使旧皇宫华丽精致，即使古都阿努拉达普拉已经有 600 多年的历史，他也不敢在那个自己出生、成长的地方继续生活。于是，他在阿努拉达普拉东南角的高原上寻找了一块约 200 米高的岩石，并且费尽心思将其修建成新的宫殿，这就是狮子岩。虽然狮子岩没有阿努拉达普拉那样的人文古韵，但是它拥有一个皇宫应该有的气势：锡吉里亚的山脚到山腰处，有一条漫长的走廊，西边的长廊雕刻着精美的壁画。山腰处，有一尊用砖石雕刻的巨型狮子坐像，相传这是用来镇妖的。山顶则是卡西雅帕的宫殿。而在这方圆不过数亩的山顶上，不仅有卡西雅帕的皇宫，还有皇后的御花园、供僧侣讲法的说法崖、避暑纳凉的清凉殿等。

　　这里是卡西雅帕的享乐之地，也是一座固若金汤的城堡。然而卡西雅帕的美梦并没有持续多久。20 多年后，羽翼丰满的目犍连带着训练有素的军队攻打锡吉里亚，卡西雅帕率军迎击，却误入沼泽，以致全军覆没，他的时代就这样草草结束了。

之后，目犍连回到阿努拉达普拉城，建造了新的皇宫，锡吉里亚从此被废弃。直到19世纪，英国的考古学家才在这片原始森林中发现了这座神奇的古宫。

虽然锡吉里亚古宫的容颜不再：彩色石壁上的数百幅天女画像如今只剩21幅；山顶的皇宫也早已被夷为平地，只剩荒芜的花园。但是在看到山腰处残留的一米大小的狮子前爪石像，以及蜿蜒陡峭的山路时，人们依然能感受到这个遗址的气势。

游览锡吉里亚古宫是需要一些力气的，因为这里没有缆车，你只能握紧铁链，踏上一个又一个台阶，一步一步地往山顶攀登。不过，虽然山顶的皇宫已经消失，但是这里的景色依然动人。你可以眺望远方层层叠叠的原始森林，倾听回荡在风中的传说。

第五章

贴近斯里兰卡的"心脏"，了解风土人情

　　要想了解这个国家，首先就要了解这里的风土人情。如果你明白斯里兰卡为何被称为"狮子国"，你便能清楚科伦坡为什么有那么多与狮子有关的事物；如果你提前了解了斯里兰卡人的禁忌，你就能收获更多的"斯里兰卡笑"。总之，想要更贴近这个国家的"心脏"，你就要试着了解它的文化。

斯里兰卡人的饮食

——咖喱和米饭

斯里兰卡的美食多种多样，但若是问斯里兰卡人最喜欢吃什么，其实很简单，几个字就可以概括：咖喱和米饭。

斯里兰卡人爱吃咖喱，就像中国南方人离不开辣椒一样。他们认为，任何食材都可以和咖喱组合在一起。

比如：酸辣鱼本是一道别具特色的菜肴，它的味道自成一派，但是斯里兰卡人偏偏要将其和黑猪肉咖喱结合起来；辛辣的黄咖喱就像一个脾气暴躁的小美人，看上去不欢迎任何人，斯里兰卡人却给它找了一个性格完全不同的搭档：清爽的芒果。到底是暴脾气的黄咖喱占了上风，还是青涩的芒果以柔克刚，或者它们最后达成了一致？这需要你亲自品尝。

斯里兰卡的咖喱口味十分丰富。你可以尝一尝口味浓郁的黑咖喱，也可以试一试辛辣的红咖喱。如果你是一个温和的人，实在不喜欢这些咖喱的"暴脾气"，那可以选择白咖喱。这种咖喱加入了大量椰奶，口味清淡，斯里兰卡人最喜欢用它来烹饪鱼和鸡肉。

米饭也是他们生活中不可或缺的一种食物。斯里兰卡人每天都要吃米饭，他们不仅将米饭看作主食，还将其和香料、酥油一起蒸煮成酥油饭，或是和椰子奶、姜黄根一起制成黄米饭。

除了我们熟悉的白米，斯里兰卡人还很喜欢吃巴斯马蒂大米。这是一种红颜色的大米，虽然没有白米口感好，但是有一种淡淡的坚果香气，所以很受欢迎。

其实即使你没有提前了解这些知识，只要在科伦坡逛上一圈，就能明白斯里兰卡人的喜好。因为每到饭点，满街都是米饭和咖喱的香气。与其在一旁观察，你不妨跟着当地人走进餐厅中，寻找自己最喜欢的米饭或咖喱口味。

斯里兰卡为什么被称为"狮子国"

在这个国家到处都可以看见与狮子有关的事物。

比如：随风飘扬的斯里兰卡国旗，上面就画着一头握着剑的雄狮；国家博物馆中，那金光闪闪的狮子宝座总能给游客留下深刻的印象；独立纪念堂旁，那几十头形态各异的石狮，像最忠诚的卫士，守卫着这座象征独立的建筑；最出名的还是距科伦坡约170多千米的狮子岩。虽然一千多年的风雨已经将这座拔地而起的山岩腐蚀得面目全非，但是那山腰处残留的一米大小的狮子前爪石像，依然能震撼游客。

然而，事实上，当你游览过斯里兰卡后，你就会发现：虽然这个国家有很多有关狮子的事物，但是没有野生的狮子。是的，斯里兰卡是一个印度洋岛国，这里有很多大象，但野生狮子却寥寥无几。

那么，为什么斯里兰卡被称为"狮子国"呢？很多人认为这源于一个美丽的传说。

传说，古印度有一个绝美的公主，她的父亲决定将她嫁给邻国的王子。然而，在送嫁的途中，公主遇到了一头雄狮。宫女、护卫纷纷逃散，狮子看公主美貌无双，就将她掳回了自己的巢穴，让其成为自己的妻子。

后来，公主生下了一男一女，这两个孩子的外表与常人无异，但是性格却和狮子一样暴躁。两个孩子长大后，从母亲那里知道了真相，以自己有这样一个父亲为耻。不久后，男孩带着母亲和妹妹逃回了古印度。

狮子发现自己失去了所有的亲人，十分恼怒，到处寻找。沿途为了发泄自己心中的愤恨，它伤害了很多百姓。国王召集勇士，希望有人能降服狮子。然而，虽然有很多人前去应征，但是没有一个人能够打败凶猛的狮子。

为了让百姓安居乐业，狮子的儿子决定大义灭亲。他带了一把匕首去见狮子，狮子见到自己的儿子后，马上放下了警惕之心，跑上来和儿子亲热。儿子趁其不备，用匕首结果了狮子的性命。

狮子的儿子成了英雄，百姓将其视为天神。然而不久后，人们知道了他是狮子的儿子，开始谴责其弑父之罪。舆论的压力越来越大，国王只好将狮子的儿子流放到大海上，不过为了奖励他降狮的功劳，国王赐予了他700多名随从。

　　狮子的儿子带着这些随从在大海上漂流，最后来到了斯里兰卡。他见这个地方珍宝遍地、物产丰富，就决定定居在此。后来，他的后人在这片土地上建立了国家，为了纪念自己的祖先，就把这个国家称为"狮子国"。

　　对于为什么很少见到狮子的斯里兰卡人会将狮子当做自己的祖先，也有人有不同的看法。有的人认为，大约在公元前5世纪，来自次大陆北部的雅利安人迁徙至斯里兰卡，并将自己对狮子崇拜的文化也带了过来。有的人认为，这是因为两千多年前，孔雀王朝的阿育王子摩揭陀来此弘扬佛法，而佛教敬仰狮子，所以斯里兰卡人也就越来越崇奉狮子。

　　或许，对斯里兰卡人来说，对狮子的崇拜从何而来并不重要，因为狮子的凶猛、勇敢，早就成了他们的民族符号。就像那无处不在的狮子石像，早已成了斯里兰卡人生活的一部分。

别具特色的斯里兰卡新年

每年的公历 4 月 13 日至 14 日，是斯里兰卡最重要的节日——僧伽罗族、泰米尔族的新年。这时收获季节刚刚结束。人们借这个节日庆贺丰收，期待来年。

和中国的春节一样，在新年即将到来时，在外务工的斯里兰卡人纷纷返乡。虽然没有中国的春运那么大的人流量，但是回家的心情却是相同的。在故乡的人忙着准备新年所需的一切：菜市场里挤满了人，人们认真地挑选食材，丝毫不在意之前选购的食材有多重；衣服铺子中满是爱美的女孩，她们将精美的手镯拿起又放下，似乎在进行激烈的心理斗争。

　　无论人们是否买到了想要的食材，或是女孩是否下决心买下那只昂贵却美丽的手镯，在新年来临的这一天，他们都会穿上自己最美丽、整洁的衣服，做一桌子令人忍不住流口水的美食。

　　新年到了，家庭主妇们却忙了起来。她们不仅要准备传统美食，还要完成一个传统习俗：煮沸牛奶罐。她们要选择一个吉时，站在一个吉祥的方位生火架锅，洗净双手，开始煮牛奶。等牛奶溢出来后，她们会用树枝沾一点牛奶，然后洒在屋内各处。斯里兰卡人相信，这样做预示着来年会顺意幸福。

　　吃过年夜饭后，晚辈要向长辈磕头问好，并且献上蒌叶。长辈则会给晚辈一个硬币，以示对他们的祝福。新年也是消除矛盾的日子，如果平时邻里之间有矛盾，在这一天都会互赠蒌叶，让矛盾留在旧的一年中。

斯里兰卡新年有一个特别的习俗，他们认为新年钟声敲响前的半个小时是"凶期"。在这段时间内，人们要停止一切活动，老老实实地待在家里，或是去寺庙中听经。孩子们还不能理解这个习俗，被之前热闹气氛感染的他们闹着要出去玩。长辈只能变着花样哄他们：一会儿给他们吃美味的米糕，一会儿告诉他们之后有更加热闹的活动。

长辈并没有撒谎。"凶期"过后，就是"行善期"。行善期一到，刚刚寂静无声的城市立刻变得热闹起来。鞭炮像是得到了指令一般，一起唱起歌来。人们走出房门，去观赏文艺晚会，或参加赛牛车、袋鼠跳等比赛。

斯里兰卡新年的最后一个重要的仪式是"洗头礼"。在公历 4 月 14 日，人们会来到附近的庙宇，接受庙宇住持的沐浴礼。这当然不是真正意义上的"洗头"，每个人的头发上只沾了几滴水而已。不过人们似乎感受到了神灵的祝福，每个人脸上都是喜气洋洋的。

斯里兰卡最大的民族
——僧伽罗族

僧伽罗族是斯里兰卡最大的民族，约占全国人口的72%。因此想要了解这个国家，首先要了解这个民族。

"僧伽罗"来源于梵文，玄奘法师在《大唐西域记》中将这个国家称为"僧伽罗"，这是梵文 Simhalauipa 的音译，意为"驯狮人"。而义净法师在《大唐西域求法高僧传》中将这个国家称为师子国、师子洲。

僧伽罗族人大多信仰佛教，《大唐西域记》中曾有这样的记载："伽蓝数百所。僧徒二万余人。遵行大乘上座部法。佛教至后二百余年各擅专门。分成二部。一曰摩诃毗诃罗住部。斥大乘习小教。二曰阿跋邪只厘住部。学兼二乘弘演三藏。僧徒乃戒行贞洁定慧凝明。仪范可师济济如也。"

僧伽罗族人对佛像、佛寺以及僧侣极为尊重。《大唐西域求法高僧传》中曾有这样的记载："其师子洲防守佛牙异常牢固。置高楼上几闭重关。锁钥泥封五官共印。若开一户则响彻城郭。每日供养，香华遍复。至心祈请，则牙出华上。或现异光。众皆共睹。"这是他们对佛牙的态度。

你 好

因此，在与僧伽罗族人交往时，一定要学会尊敬他们的信仰。即使你不是佛教徒，也不要对着佛像指手画脚，或是嘲笑、辱骂僧侣。否则温和的僧伽罗人也会让你看到他们暴躁的一面。

僧伽罗族人使用僧伽罗语，这也是斯里兰卡的官方语言。僧伽罗语形成于公元前 6 世纪，即印度——雅利安人进入斯里兰卡时期。在佛教传入斯里兰卡后，僧伽罗语受到了梵语的影响，原来的 36 个字母增加至 54 个，增加的 18 个字母就是用来拼写梵语的。后来，殖民统治者占领了斯里兰卡，僧伽罗语又吸取了大量葡萄牙、荷兰语中的词汇。

僧伽罗语并不容易学，但是如果你想和僧伽罗族人做朋友，不妨学习一些简单的词汇，那样会迅速地拉近你们之间的距离。你也不用担心自己没有语言天赋，因为即使说得不标准，友善的僧伽罗族人也会竖起大拇指，对你露出笑容。

历史悠久的民族
——泰米尔族

泰米尔族是斯里兰卡第二大民族，他们信奉印度教，说泰米尔语。

这是一个古老的民族。他们所属的达罗毗荼人也许就是印度河文明的缔造者，也就是说，或许早在 4000 多年前，世界上就出现了这个民族。

泰米尔人原本生活在印度，当雅利安人来到印度后，他们被迫南迁。一部分人依旧生活在印度，另一部分人来到了斯里兰卡。

值得一提的是，斯里兰卡的泰米尔人分为两个群体。一个群体被称为锡兰泰米尔人，他们生活在斯里兰卡北部，接受过良好的教育，不仅会说泰米尔语和僧伽罗语，还会说英语，大多在政府机关或有一定规模的公司中任职。

另一个群体被称为印度泰米尔人，是 19 世纪时英国殖民者从印度带过来的茶园工人。他们大多没有接受过教育，不会说英语，生活在极其简陋的棚屋中，生活艰辛。锡兰泰米尔人和印度泰米尔人虽然拥有相同的祖先，信奉同一种宗教，但是生活在不同的社会中，几乎不相往来。

了解斯里兰卡人的禁忌

斯里兰卡的旅游业相当发达，每年都有大量的游客来到这个被称为"印度洋中的眼泪"的国家观光旅游。斯里兰卡吸引人们的不仅仅是美如画的自然风景、独特的人文景观，还有这个国家的人，以及轻松自然的气氛。

斯里兰卡不是发达国家，这里的生活水平并不高。但是即使是生活贫困的印度泰米尔人，也不会怨天尤人。当你和他们对视时，总能得到他们的礼物：一个微笑。只要你向他们招手，即使是害羞的孩子，也会对你报以羞涩的笑容。

这不是一种礼貌，或一种招徕游客的策略，他们的笑容来自于那颗安贫乐道的心。因此，有人说在斯里兰卡旅游是一件最舒服、最简单的事情。即使你不了解他们的语言、文化，甚至连简单的英语也不会，但是只要你会微笑，懂得展现自己的善意，你就能和他们友好地交流。

97

    然而，斯里兰卡人也有自己的禁忌，如果你不懂得尊重他们的文化，自然很难在这个"微笑国度"收获善意。

    斯里兰卡人的宗教意识很强。在这个大部分人都信奉佛教的国家，寺庙、佛像和僧侣的地位很高。因此，如果你想看见"斯里兰卡笑"，就一定要尊重宗教。

    尊重不是嘴上说说而已，它隐藏在细微的小事中。比如：如果去寺庙参观，就一定要放弃无袖上衣和短裤、短裙；对佛像拍照是一件很没有礼貌的事情，如果想拍照，就一定要提前征求许可；不要对佛像、僧侣指指点点，遇到僧侣时，要合十鞠躬，请他们先行。

    即使不在佛寺中，你也不要忘记尊重宗教。如果你大大咧咧地坐在候机厅的白椅子上，很有可能会遭到斯里兰卡人的白眼。因为这些椅子是给宗教人士准备的，即使没有人坐，你也不能去坐。如果你能在公交车上主动为僧侣让座，那么一定能感受到他人投在你身上满怀善意的目光。不过这件事情有点困难，因为也许你还没有站起来，就有人请僧侣入座了。

斯里兰卡人有保护环境的传统，他们十分厌恶杀生。因此，如果你随意捕杀野生动物，那么你不仅会遭到斯里兰卡人的围攻，还有可能进斯里兰卡的拘留所。要注意的是，这里指的野生动物不仅仅是保护动物，还有蝴蝶、鸽子等常见的小动物。因为在斯里兰卡人看来，所有的生灵都受到神灵的保护，人类没有权利捕杀它们。

虽然在很多中国人心中，乌鸦是一种不吉祥的鸟，但是对斯里兰卡人来说，乌鸦是庇佑他们的神鸟。科伦坡的公园中随处可见立于枝头的乌鸦。因为当地人从不会伤害它们，所以这些鸟儿对人类没有戒心。或许你会遇到一只对你倾心不已的乌鸦，它甚至会飞到你的肩膀上。即使你不能接受它对你的喜爱，也请不要伤害它。

斯里兰卡人还有收小费的习惯。在你享受了餐厅的服务员、导游、景区的工作人员的服务后，要记得支付他们小费。不用担心，你不用给太多小费，50卢比（约2元人民币），就能让他们喜笑颜开。要注意的是，在游览景区的时候，常常会有当地人热情地给你介绍景区的风景，或者搀扶你上山，这种情况也要支付小费。如果你不愿意，请在最开始就礼貌拒绝。

神秘又独特的捕鱼方式
——高跷捕鱼

斯里兰卡是个美丽的岛国，有漫长的海岸线，南边的城市更是游客心中的度假胜地。来到斯里兰卡南部，除了尽享旖旎的自然风光外，还要亲眼看一看独特的人文景色：高跷海钓。

高跷海钓，顾名思义，即渔夫踩着"高跷"钓鱼——渔夫站在插入海底的木杆上钓鱼。而且，高跷海钓不需要鱼饵，仅凭鱼竿就能够钓到鱼。这看上去是一种不需要成本的方法，实际上却被称作"成本最高的捕鱼方式"。因为这里指的成本，不是物力，而是人力成本。

高跷海钓需要渔夫具有良好的平衡能力和敏锐的观察能力，那些一上木杆就摇摇晃晃，或是看着鱼儿优哉游哉地从自己眼前溜走的渔夫，只能灰溜溜地爬下木杆，选择那些传统的捕鱼方式。毫不夸张地说，能够熟练掌握高跷海钓的人，在某些方面是天才。

　　此外，高跷海钓还需要渔夫拥有足够的耐心。如果你仔细观察就会发现，那些擅长高跷海钓的渔夫，比其他渔夫要黑一点。因为没了鱼饵，鱼儿们就不会主动靠近危险的渔夫。渔夫们只能耐心等待，等待那些迷路的，以及胆大的鱼儿靠近自己。为了捕到鱼，渔夫们常常要在木杆上待几个小时。

　　当然，即便让太阳烤成了焦炭色，渔夫们也只能捕到极少的鱼。别说拿去市场上卖，能不能满足自家需要还是个问题。因此，在现代高效捕鱼方式的冲击下，这种古老的捕鱼方式已经渐渐消失在人们视野中。

　　诚然，如今人们依然能在斯里兰卡南部的海岸发现这种独特而神秘的捕鱼方式，但那大多是旅游表演。或许对游客来说，渔夫的生活手段也好，旅游表演也罢，能欣赏到就很好了。因为透过那些木杆上的身影，游客好像看到了为了生存而坚持不懈的古代斯里兰卡人。

参加一场独具特色的传统婚礼

若想感受斯里兰卡的风俗，最好的方法莫过于参加一场斯里兰卡的传统婚礼。斯里兰卡的传统婚礼一般会在寺庙举行，但是现在越来越多的年轻人选择在酒店举行婚礼。不过，虽然场地改变了，但是传统的仪式却没有任何改变。

斯里兰卡的婚礼没有"为难新郎"这一环节。不过，当新郎去接新娘时，他还是要在门口停留片刻。新娘的弟弟会端着一盆干净的水等在门口，浇一点水在新郎身上，并且让新郎把脚洗干净。新郎走进屋后，无需给伴娘团发红包，只需为新娘献上一束鲜花即可。身穿洁白纱丽的新娘，就像童话故事中的公主一样，终于等来了自己的王子。

斯里兰卡的结婚仪式很有意思。等新人走到台上，主婚人——一般由新娘的叔叔或其他德高望重的人担任，会将两片橄榄叶分给新人，并向新人表达祝福，新人则用这两片橄榄叶祭奠祖先。

之后，主婚人会用一根棉线将新郎和新娘的小拇指绑在一起，新娘的父亲用水壶浇之，象征双方彼此忠诚，一生不离不弃。

随后就是这场婚礼最重要的环节：劈椰子。主婚人用刀将地上的椰子劈成两半，象征新人的婚姻幸福美满。如果椰子无法被劈开，则预示这段婚姻会出现问题。看上去，这是一个需要运气和技术的环节。实际上，这种椰子极易被劈开，或许连一个五岁的孩子都能够轻易掰开。

当新郎和新娘一起切椰汁米糕，并互相喂食后，仪式便结束了，喜宴正式开始。当然，相比品尝美味的菜肴，人们更喜欢一起唱歌、跳舞。有时候，新郎新娘也会加入到宾客中。那时，婚礼现场就变成了欢乐的海洋。

斯里兰卡文化中的明珠——宗教信仰

宗教信仰是斯里兰卡文化中不可或缺的一部分，也是斯里兰卡人生活的一个重要组成部分。如果想了解这个国家，了解斯里兰卡人，你就要了解这个国家的宗教文化。

在斯里兰卡所有的宗教之中，佛教无疑是最重要的，甚至有人将这个国家称为"佛国"。的确，当你来到这个国家，你会发现佛像无处不在。佛寺中自不必说，那里的佛像被层层香花围绕，看上去极为庄严神圣；政府大楼前也有一尊金色的坐佛，如科伦坡市政厅；就连看似没有任何特色的公园，其最显眼的位置也会立着一尊安详的佛像。

因而即使你步履匆匆，在看到那一尊又一尊威严的佛像后，你也会忍不住停下脚步，双手合十，为自己和家人祈福。

　　斯里兰卡有很多寺庙，对当地的佛教徒来说，这些寺庙就是心灵的栖息地。每逢休息日，信众都会自发去寺院，帮助寺中的僧侣打扫卫生、处理一些琐碎小事。他们认为，为寺院和僧侣贡献出自己的微薄之力，就是为自己修福。

　　在乡下，寺庙也是学习的地方。有些寺庙开办了兴趣课堂，让出家人为信众讲述佛教常识，这种课堂大多十分受欢迎。要是去得晚，他们就只能站着听课了。在没有学校的地方，人们还会将孩子送到寺庙中，让孩子跟着僧侣读书、写字。

　　如果你能提前了解这些，那么当你发现公交车上竟然有僧人专座，而且僧人在很多地方都可以不排队时，你就不会觉得奇怪了。因为在斯里兰卡人看来，礼敬僧侣，就是礼敬诸佛。

　　斯里兰卡的第二大民族泰米尔族信奉的是印度教。虽然没有佛寺的数量多，但是你依然能在科伦坡发现印度教的庙宇。庙宇上那些繁复的花纹，精巧的人物雕刻，让不是印度教徒的人，也会忍不住停下来，进去参观那些精美的艺术品。

印度教
是印度南部的泰米尔人带到斯里兰卡的。公元5世纪左右，一个泰米尔贵族征服了斯里兰卡，并且建立了自己的政权。这位国王在斯里兰卡建造了大量的印度教庙宇，并且大力宣传印度教教义，以至于部分信奉佛教的僧伽罗人都成了印度教的教徒。

当然，你也不能刻板地将僧伽罗人归为佛教徒，把泰米尔人看作印度教徒。当你路过小而精致的教堂时，你会发现，这些被你归类的斯里兰卡人正在教堂中参加礼拜呢！

是的，这个国家还有不少基督教徒。基督教是殖民者带过来的。公元16世纪，葡萄牙人宣布对斯里兰卡实行殖民统治。此后，大大小小的教堂出现在斯里兰卡岛上，传教士越来越多。因为佛教和印度教受到了制约，所以僧伽罗人和泰米尔人开始学着接受新的信仰。

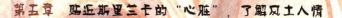

当荷兰人代替葡萄牙人成为这座岛屿新的殖民者后，基督教也获得了更大的发展空间。为了更好地向斯里兰卡人传播基督教义，传教士甚至还学习了当地的语言。虽然他们说得并不标准，但是也因此获得了当地人的好感，斯里兰卡的基督教徒也越来越多。

当英国成为这里的殖民者后，基督教的影响力越来越大，甚至很多上层人士都改信了基督教。直到斯里兰卡独立后，基督教受到了限制，佛教得到保护，斯里兰卡才逐渐形成今日的宗教格局。

有人说：有信仰的人是快乐的。的确如此。在斯里兰卡，无论是佛教徒，还是印度教徒，或是基督教徒，游客都能在他们脸上看到满足和快乐。

第六章

探访斯里兰卡的宗教建筑

　　提到斯里兰卡时，人们总要提到"宗教"二字。的确，在这个国家，似乎人人都有信仰。甚至有人说，正是因为有了信仰，斯里兰卡人才能安贫乐道，不论对谁，不论在何时，都能从心底绽放出笑容。接下来，让我们走进斯里兰卡的宗教建筑，探访隐藏在这些建筑背后的文化，了解那些虔诚的斯里兰卡人。

斯里兰卡最重要的佛教圣地
——佛牙寺

位于康提湖畔的佛牙寺，是斯里兰卡最重要的佛教圣地之一。传说，公元前543年，佛陀知道自己大限将至，对弟子说："我涅槃后，须以戒为师。"之后在拘尸那城娑罗双树下等待涅槃。佛陀涅槃七日后，遗体被火化，只留下了四颗牙齿。

唐代著名高僧义净在翻译的《根本说一切有部毗奈耶杂事》中说："佛有四牙舍利，一在天帝释处，一在犍陀罗国，一在羯陵伽国，一在阿罗摩邑海龙王宫。"这句话的意思是：佛陀的其中一颗牙齿供奉在天上，另外三颗留在了人间。一颗供奉在龙宫，一颗保存在婆罗摩多陀国，一颗保存在乌苌国。

后来，乌苌国的佛牙传到了中国，现供奉于北京八大处佛牙舍利塔中。保存在婆罗摩多陀国的那颗佛牙舍利，在公元311年由印度公主带到了斯里兰卡。当时，印度掀起了灭佛运动，为了保护佛牙舍利，印度公主只能将其和猫眼石混在一起，藏在金色的发带中，穿过重重关卡，带到斯里兰卡。

此后，佛牙舍利成了斯里兰卡的国宝，也成了这个国家的精神象征。

历代国王将佛牙舍利当做象征最高权力的令牌，登基后，他们会将佛牙舍利迎到国都，并且兴建佛牙寺加以供奉。朝代更迭，佛牙也从波隆纳鲁沃转至康提。

康提的佛牙寺始建于15世纪，原为两层楼高，在被葡萄牙殖民者损毁后，于17世纪重修至三层楼高。佛牙寺的结构复杂，厅堂套厅堂，有佛殿、诵经厅、大宝库等。二层的内殿是佛牙寺的核心，因为这里供奉着佛牙舍利。内殿的天花板上满是黄金和彩绘的装饰，一走进去，人们就能感受到这座寺庙的气势。

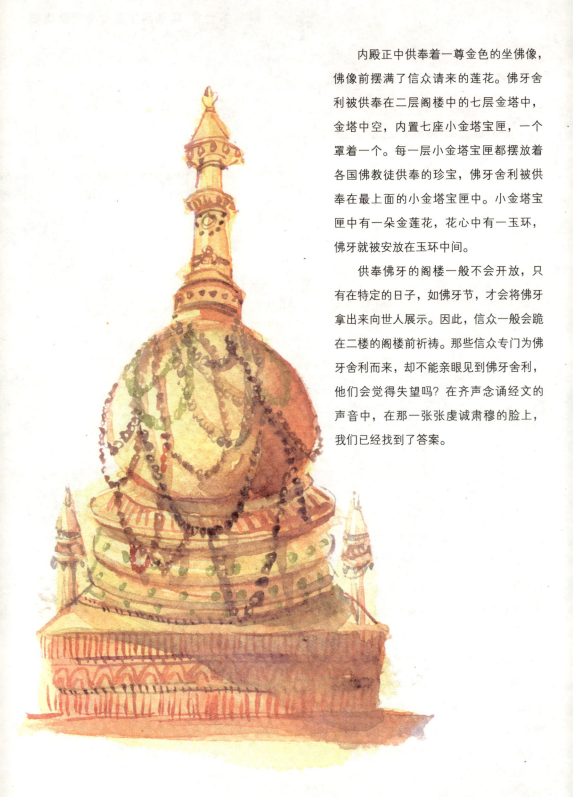

内殿正中供奉着一尊金色的坐佛像，佛像前摆满了信众请来的莲花。佛牙舍利被供奉在二层阁楼中的七层金塔中，金塔中空，内置七座小金塔宝匣，一个罩着一个。每一层小金塔宝匣都摆放着各国佛教徒供奉的珍宝，佛牙舍利被供奉在最上面的小金塔宝匣中。小金塔宝匣中有一朵金莲花，花心中有一玉环，佛牙就被安放在玉环中间。

供奉佛牙的阁楼一般不会开放，只有在特定的日子，如佛牙节，才会将佛牙拿出来向世人展示。因此，信众一般会跪在二楼的阁楼前祈祷。那些信众专门为佛牙舍利而来，却不能亲眼见到佛牙舍利，他们会觉得失望吗？在齐声念诵经文的声音中，在那一张张虔诚肃穆的脸上，我们已经找到了答案。

伽尔寺中的三尊巨型佛像

每一个到波隆纳鲁沃古城游览的人，都会被伽尔寺的庄严肃穆、不可侵犯的氛围所感染。

伽尔寺是一座浑然天成的庙宇，它由工匠们在一整块巨型花岗岩上雕刻而成。伽尔寺的名字很简单直白——Gal Vihara，Gal 的意思就是石头。

伽尔寺最出名的是中心花岗巨石上三座不同造型的佛像。虽然这座庙宇建于 12 世纪，且历经多年风雨的洗刷，游客甚至已经找不到古人曾经在此礼佛的痕迹。但是这三尊石像保持完好，依然慈悲、安详地注视着世人。

最左边是一尊高约 4.6 米的坐佛像，这尊佛像端坐于莲花台之上，神情十分严肃。值得一提的是，这尊佛像后面还雕刻了四尊小佛像，且装饰着龙的花纹。这种装饰在古代僧伽罗雕刻艺术中并不多见，有学者认为，这是受到了大乘佛教的影响。

中间是一尊高约 7 米的立佛像。这尊佛像将手臂叠放在胸前，双眼紧闭，似乎在冥想。然而，若仔细欣赏，你就会感受到这尊佛像的悲伤。这是伽尔寺最有争议的地方。有的学者认为这是佛祖的造像，而有的学者认为这其实是佛祖的弟子阿难尊者的造像。他之所以如此悲伤，是因为他在为佛祖涅槃而哭泣。

　　最右边是一尊长约 14 米的卧佛像。这里刻画的是佛祖涅槃时的情景，当看到这尊犹如睡去的佛像时，游客便能发现工匠者的初衷：告诉信众进入极乐世界时不会感到痛苦。虽然这尊石像很大，但是每一个细节都雕刻得栩栩如生。如果你足够细心的话，就会发现连佛祖枕头一段的轮状标志都被雕刻得清楚明白。

　　常有佛教徒来这里朝拜。他们赤着脚走近这三尊佛像，然后在佛像前坐下，齐声念经。虽然你不一定能听懂念诵的内容，但是一定能感受到其中的虔诚。也许在这美妙的吟诵中，你也会不自觉地静下心来。

冈嘎拉马寺
——既是寺庙也是博物馆

或许刚来到冈嘎拉马寺门口，你就会被这座庙宇吸引。这是一座佛教庙宇，而寺庙门口却立着两尊关公耍大刀的雕像，让人怀疑自己是否走错了地方：来到了关帝庙。

其实，这座寺庙给你的惊喜还不止于此。这里到处都可以看到佛像。当然，这是佛教寺庙，看见佛像是再正常不过的事情了。但是，冈嘎拉马寺的佛像不仅仅在屋内，在室外也能看到不少。

黑色的小亭子中就放着一尊坐佛像，佛像上闪耀的金色和不远处的大树相映成趣，虽然少了一份神圣感，但是多了一份自然宁静之感；白色佛塔前也有一尊金色坐佛像，在太阳的照射下，这尊佛像更显圣洁。

冈嘎拉马寺不大，只有几间屋子，但是这些屋子中陈列了大大小小、近1000尊佛像。这些佛像的姿势、表情各具特色。在这里，你既能够看到庄严的佛像，也能欣赏到慈悲、安详的佛像。最让人印象深刻的是一尊位于弧形凹槽内的佛像。无论在哪一个方向，你都会觉得佛像的眼睛正在看向你。如果一边看佛像，一边往旁边走，你会发现佛像的眼睛跟着你一起转。

主殿里有一个小型的博物馆，里面展览了古斯里兰卡收藏的各种珍品，如罗汉舍利、纯金法器、象牙法器等。传说，冈嘎拉马寺还收藏了一撮来自佛陀的头发。但是这个珍宝一般都被锁在保险柜中，有缘才能见到。

因冈嘎拉马寺位于科伦坡市中心，且比较古老，它有 120 多年历史，所以它每天都要接纳大量游客。更别说这里还会吸引不少信众。若是赶上节日，如月圆节，来此参观、参拜的人就更多了。

然而，即使人再多，这里也不会出现熙攘嘈杂的情景。信众都特意放轻了自己的步子，降低了自己的音量，以免打扰到寺中的僧人。游客也都关闭了闪光灯，以免打扰到跪拜礼佛的信众。

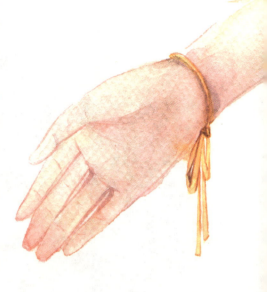

如果你足够幸运，还能遇到身穿黄袍的住持。这是一个慈祥、温和的僧人，当你提出一起合影的请求后，他总会点头微笑，答应你的请求。若你手上戴着念珠，他还会让你拿下来，帮你念经加持。要是有缘，他还会给你的手上系上一根黄绳子，意为祈福。

如果你没有遇到住持，也不用气馁。跟着佛教徒转佛塔，听他们念诵经文也很不错。

极具艺术价值的克拉尼亚大佛寺

如果你是一个没有任何宗教信仰的人，可能不会喜欢斯里兰卡。因为这里虽然也有海天一色的美景，有郁郁葱葱的原始森林，也有憨态可掬的大象，但是庙宇才是旅程的重点。比如，当你告诉友人到斯里兰卡旅游，却没有去佛牙寺，友人可能会认为你"有点傻"。

这里的寺庙太多了。在游览过古城后，如波隆纳鲁沃古城，你会发现，基本上每一个建筑物都与宗教有关。即使是那些气势恢宏的宫殿，墙上也都有精致的、刻着宗教故事的雕刻。

而当你在科伦坡街上散步时，寺庙也会时不时出现在你面前。虽然那些寺庙的规模并不大，但是香客众多，在街上就能闻到檀香味。

那些没有宗教信仰的人，在参观第一个寺庙时，还会被寺中形态各异的佛像，以及严肃的信众吸引。但是在参观第三个、第四个时，他们就兴趣寥寥了。虽然他们也会被信众的虔诚所打动，被佛像的庄严法相所震撼，但是他们希望找到更加有新鲜感的地方。

所幸，斯里兰卡总能给游客带来惊喜。距科伦坡约 11 千米的地方，有一个古老的寺庙——克拉尼亚大佛寺，这是一个极具艺术价值的寺庙。

也许一进克拉尼亚大佛寺，你就会忍不住感叹：这不像一个寺庙，而像一个宫殿。之所以说这座庙宇像宫殿，并不是因为它有多么奢侈，而是因为它太美了。

寺庙中到处都是色彩鲜艳的装饰画，描画了佛陀生前的故事，以及斯里兰卡佛教发展的历史。寺庙中还有庄严的卧佛雕像，以及形态各异的妖魔雕像。信众跪拜在那尊金色的坐佛像前，佛像背后绘有蓝天的背景板让这尊佛像更显庄严。

室外那棵巨大的菩提树下坐满了信众。克拉尼亚大佛寺始建于公元前500年前，是斯里兰卡最古老的寺庙之一。佛教徒认为，佛陀最后一次来到斯里兰卡时，曾经来到过这座寺庙，因而佛教徒将这座寺庙看作圣地。每天都有很多人来到这里，为家人、朋友烧香祈福。

信众们身穿白衣，在菩提树下齐声诵经。如果你不想参与进去，也可以去不远处的佛塔前，欣赏那些憨态可掬、形态各异的侏儒浮雕。

再现佛陀悟道情景的千年石佛

在阿努拉达普拉古城的双子水池附近，有一尊高约3米的佛像：萨玛狄坐佛。这尊佛像建于公元3—4世纪，至今保存完好，被视为斯里兰卡最精美的佛像之一。萨玛狄坐佛表情温和稳重，似乎在冥想。相传，这座佛像建成之时，背后就是菩提树，很好地展现了工匠们雕刻它的目的：再现佛陀在菩提伽耶悟道时的情景。

无数的信众来到这尊佛像前，打坐冥想，以获得身心宁静。在众多的信众中，最出名的还数印度独立运动领导人尼赫鲁。

相传，当年尼赫鲁被囚禁时，曾邀请朋友寄一张萨玛狄坐佛的照片给他。他将佛像的照片挂在墙上，日日对着照片冥想，以保持心情的平静。后来，当他成为印度第一任总理后，他曾满怀感情地说："那是我最珍贵的伙伴！"

斯里兰卡最大的佛塔
——祇陀林佛塔

在阿努拉达普拉古城中，圣菩提树后方开阔的空地上，一个巨大的圆形建筑物拔地而起，这就是祇陀林佛塔。祇陀林佛塔是斯里兰卡最大的佛塔，始建于公元 3 世纪，是由摩诃斯纳王下令建造的，现存约 70 米。据说它最初高约 122 米。

很多人在第一次看到这座巨大的佛塔时，会惊叹："它不像一座佛塔。"的确，站在祇陀林佛塔下，你会忍不住感叹自身之渺小。它太大了。20 世纪初的一本英国旅游指南曾说，祇陀林佛塔的砖头数量，可以建一堵从爱丁堡到伦敦的 3 米高墙。

当然，它之所以如此出名，不仅仅是因为它的建筑规模。1982 年，人们在这里发现了写在金板上的梵文经典。不过，游客没有机会欣赏这一宝贵的文化财富，因为这里不能入内参观，游客只能在外面绕塔而行。

然而，看着顶端依然闪烁的镀金装饰，以及墙上岁月的斑驳，游客似乎能够看见当时信众来此朝拜的情景。

见证过辉煌的都波罗摩塔

都波罗摩塔是斯里兰卡最早的一座佛塔。

大约在公元前 250 年，阿努拉达普拉王朝创始人槃陀迦阿巴耶之孙提婆南毗耶·帝沙皈依佛门。不久后，他在阿努拉达普拉城中建造了都波罗摩塔，这也是他在斯里兰卡建造的第一座佛塔。佛塔中供奉着佛陀的锁骨。

那时，这座呈谷堆形状的佛塔是人们心中的圣地。无数人从斯里兰卡其他的地方，甚至从邻国来此参拜都波罗摩塔。

这座佛塔曾经见证过辉煌，见证过阿努拉达普拉古城是如何迎接那些远道而来的信众，并且用自己璀璨的文明吸引住这些客人的。

然而，如今人们所看到的都波罗摩塔只是在 1840 年重建的。原来的"谷堆"形，也已经变成了"铃"形。圆顶也已经和阿努拉达普拉王朝一起消失在历史中，只余刻有狮子和莲花的石柱在风中诉说这座佛塔的历史。

高僧法显与无畏山寺的故事

东晋时期，虽然佛教已经传入中国，但是还有很多人不明白佛法的真意，甚至有人将佛教看作儒家的对立面。为了让中国人更加了解佛教、学习佛法，中国陆续有僧人前往西域取经求法，高僧法显就是其中之一。

公元 399 年，65 岁的法显从长安出发，经过河西走廊，途经今巴基斯坦、阿富汗，到达天竺（古印度），在恒河三角洲的多摩梨帝国（印度泰姆鲁克）写经画像，409 年法显离开多摩梨，搭乘商船，在海上漂流数日，历经艰险抵达狮子国，也就是今天的斯里兰卡。

那时，斯里兰卡是佛教的主要根据地之一。这个国家的首都阿努拉达普拉城，则被无数人奉为圣地。信众从世界各地而来，朝拜圣菩提树，听高僧说法。而奉伐多伽摩尼·阿巴耶国王之命，修建于公元前 1 世纪的大无畏山寺，则成了僧人听经说法的最理想场所。据记载，在无畏山寺最兴盛时期，约有 5000 名僧人在此研修。

　　带着一颗虔诚之心的法显来到了阿努拉达普拉城，来到了大无畏山寺。法显在此学习梵语、抄写经书、考察寺庙管理方法。公元 412 年，法显经由海上丝绸之路，带着多部佛教典籍回到了中国。法显在印度和斯里兰卡生活了十多年，出发时有十几名同伴，归来时只有一人。

　　法显带回来的佛教典籍大大地弥补了中国佛教的空白，让中国的佛教徒对佛法有了更深刻的理解。此外，归国后，法显根据取经路上的所见所闻写了《佛国记》，这本书成了人们研究古代中亚和南亚文化、风俗和地理的重要资料。

　　为了纪念法显，人们在那座巨大的砖红色无畏山寺塔南边修建了无畏山博物馆，称"法显博物馆"，里面陈列了许多有关法显的史料。虽然无畏山寺塔已经变成了杂草的乐园，但是无畏山寺塔依旧震撼着游客。正如法显虽然早已离世，但是他那种追求真理，坚忍不拔的精神却流传了下来。

寻找达瓦塔噶哈清真寺的传说

科伦坡市中心主干道上，"小白宫"市政厅不远处，矗立着一座白色圆顶建筑：达瓦塔噶哈清真寺。

这座建筑就这样安静地站在路旁，虽然它的旁边有不少小杂货店，也有熙熙攘攘的人群从它的门前走过，但是它却能在闹市中保持一种遗世独立之感。为什么呢？大概是因为墙上那些岁月留下的斑驳和门后的幽暗。

它的那份安静和神秘，总让人不自觉地想探索它的历史。达瓦塔噶哈清真寺建于 1885 年，已有上百年的历史，曾安慰过不少穆斯林疲惫的心。而更让人津津乐道的还是那个建寺的传说。

相传，在很久之前，有一个卖油的女人，她每天往返于两个城市之间。日子虽然辛苦，但是也很充实。有一天，这个女人不小心被树根绊倒，她手中的陶壶摔碎了。这意味着她失去了收入来源，女人不由得放声大哭。

突然，女人的眼前出现了一个穿着绿色长袍、留着花白胡须的老人。他对女人说："你必须要给我一个陶壶。"女人吓坏了，她不知道这个老人从何而来，也不知道他为什么要陶壶。虽然她还没有从失去陶壶的悲伤中走出来，但是她心中出现了一个念头：我一定要为这位老人找来一个陶壶。

于是，女人找到自己的老主顾，一个名为 Mamina Lebbe 的穆斯林买了一个陶壶。她急急忙忙地跑回来，发现老人靠在一棵名为 Dawata 的大树旁。当女人递给他陶壶时，他却摆摆手，接着用力踩地面。突然间，石油喷涌而出。后来，穆斯林以这棵树为中心，建造了一座清真寺，并在这棵树的位置放置了一盏油灯。

或许是因为这个传说，此地成了科伦坡穆斯林的圣地。每周五下午，这里都会涌入来此礼拜的穆斯林。这座被岁月侵蚀的古老建筑物，也变得生机勃勃。

平静安宁的圣安东尼教堂

圣安东尼教堂的面积不大，墙上可见岁月留下的斑驳，建筑风格也与其他的教堂类似，但是却别有一番风味。

这个教堂位于要塞区，正对科伦坡主干道，却极其的安静。这并不是说这里没有信众，事实上，每到周三就有很多信众来这座教堂祷告。而且每年的 6 月 13 日，这座教堂会举行盛宴，来自世界各地的上千名信众会来到这里祈祷。即使在平时，你也能听到信众向神父忏悔的声音。

只不过这座教堂永远都不会出现熙攘嘈杂的景象，走进教堂，你只会听到人们低声祈祷的声音。虽然信众不少，但是大家都降低了音量，放轻了步子，似乎不想打扰那些与神灵对话的人。

教堂内弥漫着蜡烛燃烧的气味，烛光或明或暗，似乎在对风诉说这些信众的心愿。

海街中央的新印度庙和旧印度庙

科伦坡的海街中央矗立着两座色彩绚丽、塑像众多的建筑，这就是科伦坡的新印度庙和旧印度庙。

新印度庙号称"科伦坡最大的印度庙"。其实，即使没有听过这个称号，在看到这座印度庙时，人们也会被这栋建筑的气势所震撼。

新印度庙矗立于街道中央，有好几层楼高，其高度远远超过了附近的民居，每一个来到海街的人，都不会忽视这栋建筑。

更别说它还有层层叠叠、形态各异的塑像：那尊脚踩狮子的神像，看上去是那样的威严；那尊身穿彩衣，闭目含笑的神像，又是那么亲切温和。即使不是印度教徒，也会忍不住停下脚步，慢慢欣赏这些雕刻细腻、色彩绚烂的雕塑，猜测这些塑像在演绎哪一段故事。

新印度庙旁边就是旧印度庙。相比旁边建筑完好、颇具气势的新印度庙，旧印度庙一看就历经沧桑。其雕塑的颜色不再鲜明，墙体也开始剥落。若你进去参观，就会发现这座庙宇中有几十根柱子，用以支撑这栋摇摇欲坠的建筑。

然而，旧印度庙中的信众却很多。里面烟火缭绕，信众们似乎一点也不在意空间是否狭小，或装饰是否精美。他们安静地站着，口中念念有词，一脸虔诚。

相比之下，新印度庙就显得寂寥多了。里面只有寥寥几个信众，若是人突然多了起来，也大概是因为旅行团的缘故。

人们不知道新印度庙中的神像是否会在意，然而信众们"喜旧厌新"的习惯倒为游客提供了不少便利。游客可以自在地欣赏新印度庙中繁复的雕刻，发现隐藏在这栋宗教建筑背后的美丽。

斯里兰卡最盛大的节日
——佛牙节

若你在斯里兰卡住上一年，就会发现这是一个喜欢过节的国家。除去周末，斯里兰卡的公共假期一共有 25 天。斯里兰卡人每个月都要过节，每到节日，他们都会回家和家人一起过节——除旅游景点外，大部分的商业设施都会关门。

对游客来说，这是一件既甜蜜又有负担的事情。因为虽然可以欣赏节日时的各种活动，但是自己也免不了吃"闭门羹"。不过，这并不能浇灭游客的热情，因为节日是游客感受斯里兰卡风土人情的最佳时刻。

在斯里兰卡众多节日中，最受游客期待也是斯里兰卡最盛大的节日就是佛牙节。

每年的佛教月，即 7 月至 8 月，斯里兰卡都会举行佛牙节，即将佛牙舍利塔放在大象背上巡游。

因为大部分斯里兰卡人都信佛，而且巡游的是斯里兰卡国宝——佛牙舍利，所以每一年的佛牙节都备受期待和欢迎。在佛牙节还没有开始时，就有不少佛教徒从世界各地赶到佛教圣地康提古城。

佛牙节从神庙游行开始。神庙游行，即在毗湿奴神、纳达神和帕蒂尼女神的神庙前游行。人们会先砍一棵菠萝蜜幼树，将树枝和树干供奉于神庙中，然后在这些神庙前游行。虽然这时还没有最受人们期待的大象游行，只有寺庙供奉仪式，但是神庙前已经聚集了不少人。来自世界各地的信众在神庙中念诵经文，虽然他们使用的语言各异，但是语调却能保持惊人的一致。

之后就是库姆巴游行。人们洗漱干净，穿上整齐、干净的衣服，来到街道旁，等远处传来一阵鞭炮声，人们就知道：库姆巴游行开始了。库姆巴游行一般在晚上举行，但是夜幕下的康提古城却如白昼一般。除了那些明亮的路灯，全城随处可见小彩灯，有些地方甚至还燃起了火把！这些光将人们脸上的期待和兴奋照得分明。

鞭炮声由远及近，备受期待的游行队伍终于来了。民族装扮的舞者，踏着节奏分明的鼓点出现在众人面前。舞者们手持刀剑做厮杀状，乐师变幻鼓点，舞者紧跟乐师节奏，丝毫不乱。人们都睁大了眼睛，似乎回到了那个古老的年代。

库姆巴游行结束后，就是冉多里游行，这也是人们最期待的游行，因为有身披彩灯的大象队伍参与其中。领头象最受人瞩目，它全身都装饰着精致的镶边织物，背上的华盖装着佛牙节最重要的珍品：佛牙舍利。它的脚下是精致的白色地毯。而它的身边是身穿传统服装的舞者和鼓手。

观看游行的人虽多，但是人群中却没有嘈杂之声，人们或双手合十，或念诵经文，都在静静地等待游行队伍的来临。等游行队伍来到他们面前时，人们反而更加平静了，唯有诵经声越来越大。只有当游行队伍离开后，他们才会展现出自己兴奋的一面。

最后是劈水庆典。四支游行队伍从四个方向来到康提的母亲河前，寺庙住持走到河中心，用黄金刀在河中画一个圆圈，将去年在此舀上的水倒回河中，最后在同一个位置舀一罐新的水，以此预示今年也有充足的雨水。

当然，参加佛牙节的并不都是佛教徒，也有很多没有宗教信仰的游客来到康提古城，观看巡游。不过，在巡游的过程中，你是发现不了他们的，因为他们也被这种气氛所感染，闭目合十。

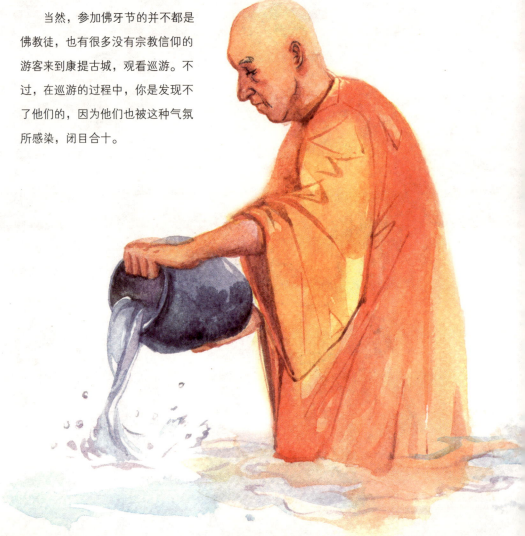

在月圆节听经、拜佛、赏灯

月圆节，顾名思义，就是每月中旬的节日，其时间大概与中国农历十五重合。俗话说月月月圆，所以斯里兰卡每个月都有月圆节，这也是斯里兰卡国家法定休息日。

这倒不是斯里兰卡人想要偷懒，所以每个月都要过这样一个节日，其实这个节日与佛教有关。月圆节，又称"波耶节（Full Moon Poya Day）"。Poya 一词源于梵语，意为斋戒日。在这个节日，斯里兰卡的超市和市场不会出售肉类，酒店和餐厅也都停止贩卖酒类和酒精饮料。斯里兰卡对其要求比较严格，若有商家违反这一规定，就要缴纳罚款。

这是佛教徒的节日。月圆节时，娱乐设施和商业设施几乎不开门营业，即使有开门的，也见不到几个客人。那时，著名的佛教寺庙是最热门的景点。佛教徒们很早就起来了，洗漱干净，穿上整洁的衣服，前往寺庙供奉、听经说法。

　　前往寺庙的交通总是拥挤，平常半个小时就能走完的路程，这一天却要花上一个多小时。那些坐在私家车、公交车上的人，总会一脸羡慕地看着那些骑着自行车，优哉游哉在车流中穿梭的人。

　　在路上耗了一个多小时的信众，心中不免有些烦恼。但是来到寺庙，看到烛台上那些忽明忽暗的油灯时，他们心中的烦恼也减少了大半。他们将自己手中的鲜花奉于佛前，听寺庙中的师父讲经，月圆节从此开始。

　　不同月份的月圆节代表的意义也不同。比如：五月份的月圆节，又称为"卫塞节""佛诞日"，是为纪念佛祖出生、成道、涅槃的节日。在那一天，斯里兰卡家家户户张灯结彩，路边随处可见精美的卫塞节灯笼，代表佛陀的智慧。

　　广场上还有以释迦牟尼像为中心的牌坊，牌坊上有很多彩图，上面讲述了佛陀无量劫以来的故事。虽然人们已经对这些故事烂熟于心，但是在看到牌坊上绚丽多彩的彩图，以及绚

烂的彩灯时，人们还是会不自觉地走过去，认真地欣赏上面的图像，感受佛陀的慈悲。

白天，人们去寺庙中诵经、拜佛、听经。夜幕降临时，人们便和家人、朋友走上街头，欣赏那些构思独特的彩灯和牌坊。

数量众多的莲花灯似乎将广场变成了一个荷花池；一盏盏佛教形状的彩灯，精致绚烂，虔诚的佛教徒在彩灯前诵经；就连佛塔都被彩灯装饰一新，金色的彩灯让白色的佛塔显得更加圣洁美丽。

人们在彩灯和牌坊前笑闹，在佛曲演唱现场跳舞，每个人都露出了标准的"斯里兰卡笑"。游客似乎也被当地人感染，即使不是佛教徒，也爱上了这个节日。

离不开大象的卡德罗伽摩节

每年的 7 月至 8 月，斯里兰卡东南沿海的卡德罗伽摩城就会迎来一个十分重要的节日：卡德罗伽摩节。这是为纪念卡德罗伽摩大神与瓦利神女结合而设立的节日，从新月日开始，到满月日结束，共 14 天。

与佛牙节不同，在卡德罗伽摩节的第一天，大象就出现了。一名白布缠身的祭司请出神龛，将其安放在象背上，接着举行祭神仪式，卡德罗伽摩节从此开始。

踩火仪式是最受游客期待的节日，这个仪式一般会在节日的第二个星期举行。信众裸身赤足，穿过铁钉板，在火炭路上跳舞。信众想用这种苦行，向神灵展现自己的虔诚，并许下自己的心愿。

对游客来说，这是一个有点残忍的仪式，因为那明晃晃的铁钉板和滚烫的火炭路，都在挑动着游客的神经。只有在仪式结束后，游客看到信众轻松的表情时，才会长舒一口气，甚至开始怀疑这些铁钉和火炭是否只是表演道具。

卡德罗伽摩节的最后一个仪式也是劈水仪式，不过完成这个仪式的不是住持，而是大象。在这一天，人们会脱下大象身上的装饰，让它背着金罐，慢慢走进河中的草棚里，行"圣水礼"。

等大象返回岸上后，便是信众和游客的"狂欢时间"。人们齐声欢呼，像商量好似的，一起走进河里，饮水沐身。大象摇晃着自己的鼻子，似乎在疑惑为什么这些人如此兴奋，或许人们自己也回答不上来，因为他们只顾着笑和互相祝福了。

被大象带上来的河水会被放进神庙中。而那些欢腾的信众，也会带上一罐"圣水"，赠送给自己的亲人、朋友，因为他们相信这些"圣水"能够医治百病。

第七章

寻找特产中的海洋气息和热带风情

　　斯里兰卡的特产有很多，如和佛有缘的释迦果、醇香诱人的锡兰红茶、无处不在的香料等。其实，虽然这些特产多种多样，但是都可以用两个词语来形容：海洋气息和热带风情。

欣赏性格各异的美人
——莲雾

当你在斯里兰卡乡下转一圈后，你便能明白斯里兰卡人有多么喜欢莲雾。

斯里兰卡乡下几乎家家户户都栽种了莲雾。有些莲雾比较害羞，它们躲在深深庭院中，你只有伸长脖子，才能看到它们的"衣角"。有的莲雾比较热情，长长的枝丫伸出墙外，颇有些"一枝红杏出墙来"的意趣。

不过，正因为莲雾的性格各异，才让你在乡间散步时不至于太无聊。

当你为自己无缘一见莲雾真颜而懊恼时，隔壁那朵开在墙头的莲雾便化身为善解人意的

美人，朝你绽放出了一个甜美的微笑；而当你觉得满眼的红色有些单调时，不远处院子中的莲雾又向你展示何为"犹抱琵琶半遮面"。

有趣的是，无论是含蓄的莲雾，还是胆大的莲雾，它们都有一个极其热情的主人。看到自家的莲雾如此美丽，主人在骄傲的同时也产生了一个新的烦恼：养在深闺人未识怎么办？如同父母既为自己的女儿感到骄傲，也担忧女儿的交友圈太过狭窄，美丽不能被外人发现。

莲雾的主人生出了"恨嫁"的心。于是，如果游客路过自家门口，随口称赞，或者只是漫不经心地望了一眼莲雾，主人就会喜滋滋地将莲雾摘下来，送给那些一脸迷茫的游客。

你不要担心"父母之命"会导致悲剧，因为只要轻轻咬一口，让果汁在嘴里爆裂开来，让香味在口腔中弥漫开来，即使是"浪子"，也会永远记住莲雾的。

让酸酸甜甜的百香果汁
抚慰你的心

夏日，喝一杯酸酸甜甜的百香果汁最好。

斯里兰卡人不太喜欢吃新鲜的百香果，因为虽然这种水果闻起来很香，但是吃起来很酸。就像一位看上去温柔和顺，实际上性格泼辣，甚至还会动手打人的美人。

当然，聪明的斯里兰卡人并不会放弃这种水果，他们将其制成果汁，加入蜂蜜、炼乳等，以中和百香果的酸味，让百香果变成了沁人心脾的饮品。

科伦坡到处可见百香果汁。景点附近，小贩推着红色的小推车叫卖百香果汁。如果你提出要求，他还会让你自己挑一个百香果，然后将其制成果汁；超市里，瓶装的百香果汁是最耀眼的明星，当地人最喜欢在运动过后喝一瓶冰冰凉凉的百香果汁。不过，这些瓶装的果汁甜度比较高，吃不惯甜食的人不要轻易尝试。

品尝别具特色、未成熟的菠萝蜜

有人说，来到斯里兰卡却不品尝热带水果的人，大概是傻子。

的确，这里的热带水果多种多样，且价格便宜。比如，一大袋菠萝蜜只需要 100 卢比（约人民币 4 元），而且特别甜，几乎不用泡盐水。

在斯里兰卡到处都能够看到水果。比如：在农村的道路旁，挂在枝头的百香果正向路人招手；一栋普通民居的院子中，孩子们正商量如何将树上的菠萝蜜摘下来。

或许是吃得多了，斯里兰卡人不再满足用最常见的方法吃水果。于是，他们将这些美味

145

的水果和这个国家最具有代表性的特产——香料，结合在一起，做成了一道道看上去不可思议、吃起来更不可思议的菜肴。在这其中，菠萝蜜咖喱是最具有代表性的一道菜肴。

那些还不太了解斯里兰卡的人，在购买菠萝蜜的时候或许会感到迷惑。因为市场中最常见的菠萝蜜，不是散发着香味、黄澄澄的成熟的菠萝蜜，而是生涩的、白色的未成熟的菠萝蜜。

斯里兰卡人认为，成熟的菠萝蜜虽然甜美，但是有点"娇气"——蒸煮一小会儿就"投降"了。未成熟的菠萝蜜虽然不太听话，但是有股韧劲，能够适应高温。于是，这种曾经被水果爱好者万分嫌弃的未成熟的菠萝蜜，竟然摇身一变，成了难得一见的美味。

当然，"麻雀"之所以能变"凤凰"，不仅仅是因为菠萝蜜身上的韧劲，还因为它有个伯乐——咖喱。高温蒸煮后的菠萝蜜变得温柔，咖喱的独特香味则让它变得神秘而独具风情。就像那饱读诗书的大家闺秀，却有侠女的通透和自在，怎么不令人沉迷呢？

品味这一天的美好——珈椰果

对孩子来说，一份用珈椰果做成的零嘴，就足以证明这一天的美好。

珈椰果，形似橄榄，大小和鸡蛋差不多。斯里兰卡人不喜欢吃新鲜的珈椰果，因为它和百香果一样酸。虽然街上也能见到贩卖珈椰果汁的小铺子，但是当地人还是最喜欢去腌渍水果摊拜访它。

小贩们将珈椰果切碎，浸泡在盐水中。对珈椰果来说，盐水如同温柔的母亲，那些被风雨磨出的棱角、激出的酸味，都融化在盐水温柔的怀抱中。等珈椰果治好自己全部的伤后，它就成了孩子们最佳的玩伴。

夕阳西下之时，孩子们背着书包往回走。他们一边跑一边闹，但是每当路过腌渍水果摊时，他们总会放慢自己的步子。有什么比清爽可口的珈椰果更能代表自己愉快的心情？孩子们用自己攒下的零钱买一份珈椰果，老板会给他们配上几根辣椒。孩子一边小心翼翼地品尝着，一边称赞这种美味。夕阳下，他们的影子被拉长。看到他们脸上的笑容，你不禁怀疑：珈椰果是甜的，还是酸的？

"名不副实"的锡兰橄榄

走在科伦坡街头，你常常能被一种香甜的香气所吸引。顺着香气往前走，你就能发现，制造这种香气的不是娇艳的花朵，而是高大的树木：锡兰橄榄树。

科伦坡街头有很多橄榄树。烈日下，这些高大的锡兰橄榄树为行人送来阴凉。而到四五月份，人们便能在街头欣赏满树繁华的盛景。那些缀满枝头的锡兰橄榄花，则为这座城市带来一抹芬芳。

最让人们难以忘记的，还属锡兰橄榄。其实锡兰橄榄并不是真正的橄榄，只是外形与橄榄类似。不过人们并不在意它是否名副其实，吃下一个橄榄，细细品味那柔嫩的肉质，人们立刻变成了锡兰橄榄的忠实支持者。

和佛有缘的果子
——释迦果

在斯里兰卡这个佛教盛行的国家，吃释迦果是否也是一种缘分呢？第一次见到释迦果，你就能明白它为什么会有这个称号：圆圆的果实上布满了疣状突起，这与释迦牟尼佛头上的发旋何其相似！

传说，这种果子和佛陀有很深的缘分。相传，释迦果原是一种仙果，佛陀经常吃这种果子。释迦果原本不是这个长相，而是在佛陀得道后，释迦果的外形才渐渐变成了现在的模样。

如今，我们已经无法考证这个传说的真实性。但是作为一种和佛有缘的果子，释迦果在斯里兰卡相当受欢迎。当然，这也不仅仅是因为它的名称，还因为它的味道。释迦果的果肉柔软嫩滑，其口感犹如鸡蛋，而且香甜可口。咬上一口，香气就会在嘴中回荡，久久不散，怎么不让人印象深刻呢？

149

锡兰红茶和美丽的采茶女

来到斯里兰卡，怎么能不品尝一下"献给世界的礼物""世界上最干净的茶叶"——锡兰红茶呢？

锡兰红茶并不是某一个品牌，而是 100% 生产于斯里兰卡的茶叶。锡兰红茶以其独特的芬芳、醇厚的口感，和中国安徽祁门红茶、印度阿萨姆红茶、印度大吉岭红茶并称"世界四大红茶"。

爱茶者最爱探访斯里兰卡中部的茶园。乘坐永不关门的小火车，看连片翠绿的茶田像海浪一般在眼前起起伏伏，不远处飘来茶叶的清香。这一切，让人们产生置身童话世界的错觉。

在这片绿色的森林中，人们还能看见红色、蓝色的精灵。当人们离精灵越来越近时，才发现这些精灵原来是眉心点缀着朱红色吉祥痣的采茶女。采茶女手指灵活地在茶树尖舞动，比精灵还要灵巧。

然而，如果你走近她们，你就能发现她们的生活并不如精灵一般美好。

18 世纪末，斯里兰卡成为英国殖民地，当时斯里兰卡的主要农作物是咖啡，还没有人闻到过红茶的芬芳。

直到 19 世纪 70 年代，斯里兰卡的咖啡园遭遇了灭顶之灾：枯萎病。英国殖民者才不得不寻找其他适合在这片土地上生存的农作物。后来，他们偶然发现斯里兰卡中部的山区是理想的茶树种植场，无论是海拔还是日照，都十分适合茶叶生长。

英国殖民者决定开辟茶园。但是采茶的工作十分辛苦且收入不高，当地人都不愿意干。英国殖民者想到了一个办法：从印度南方带泰米尔劳工过来。于是，印度泰米尔人就这样来到了斯里兰卡，他们在此繁衍生息，成了专业的"采茶人"，一代又一代继续这项工作。

采茶女几乎没接受过教育，她们大多只会说几句简单的英语。在面对好奇的游客时，她们只会报以羞涩的一笑。采茶的工作很辛苦，采摘的过程完全靠手工，她们每天都要顶着烈日工作。她们也不敢偷懒，因为旁边还有严厉的男性监工在监督她们。

然而，即使她们每天工作8～16个小时，采摘20～30千克茶叶，也只能得到微薄的收入（一般只有几美金）而已。因此，采茶女只能居住在简易的棚屋中。同时，因为用不起电，所以她们只能靠烧煤炭或木材来做饭。

生活虽然艰辛，但是采茶女从未流露出愤世嫉俗的神色。当游客提出合影的请求时，她们总会满脸羞涩地答应。合照时，她们会不假思索地绽放出一个大大的笑容。而这没有任何杂质的笑容，就像锡兰红茶清凉、充满异域气息的香气一样，永远留在了人们记忆中。

了解无处不在的斯里兰卡香料

说到斯里兰卡的特产，大概没有人会忽略香料。一进入斯里兰卡，人们就能受到香料的"关照"：街道上弥漫的咖喱的香味、做按摩时用到的香油、在路边遇到的豆蔻……让人不禁感叹：斯里兰卡真是一个香料大国。

想要了解香料，最简单的方法是去香料园。在那里，你可以看到那些在餐桌上、保健品中、化妆品中大显身手的香料最原始的模样。没有了精心的包装，这些香料依然别具风情——那是来自大自然的生态魅力。

阳光穿过茂密的枝叶，洒在神奇的香料上。虽然你很难通过这些其貌不扬的果实，想象它们在不同领域大放光彩的模样。但是你若凑近一点，还是能感受到被隐藏起来的美——若有若无的香味。

    在香料园，你还可以考一考自己的眼力。看一看自己能否发现黄姜、可可、咖喱、胡椒、丁香、柠檬草这些常见的香料。你可不要太过自信，因为这些没有被包装过的"明星"们都十分朴实。它们如同裹着一件花色棉袄、涂着高原红的美人，只有你对它们有足够了解，才能发现这些朴实无华的美人。

    在这里，你还能学到不少有关香料的小知识。老师就是那些在不远处辛勤劳作的农民。这些不善言辞、衣着朴素的农民都是"香料专家"。他们从小就和香料一起玩耍，也许无须看到香料，甚至不需要触碰香料，只需要闻一闻气味，他们就能说出香料的质量如何。

    你可以向他们讨教如何配置不同口味的咖喱，不过对这些香料专家来说，这是个复杂的问题，也许两天两夜都说不完。你也不要灰心，香料园中有成包搭配好的香料，只需根据自己的口味购买就可以了。

独具特色的斯里兰卡面具

斯里兰卡制作面具的历史由来已久。相传，古时有一个国王，他的皇后怀孕后很想看面具舞。但是当时既没有人会制作面具，也没有人会跳面具舞。因为心愿不能实现，所以皇后的心情日渐低落。

后来，天神知道了这件事，就让工匠之神提供面具和韵律。第二天，人们在皇家园林中发现了面具和韵律。此后，面具舞越来越流行，斯里兰卡制作面具的工艺也越来越精湛。

当然，除了宫廷表演，面具还有其他的用途，如驱魔、装饰。而对游客来说，斯里兰卡面具是最有趣的伴手礼：精美的孔雀魔面具，上面孔雀的翎毛栩栩如生；而火焰魔面具，虽然第一眼会给人一种威严之感，但是看久了，就会变得可爱起来。这样独具特色的面具，怎能不让人印象深刻呢？

独一无二的大象粪便笔记本

试想一下，你将斯里兰卡的伴手礼——一个笔记本送给朋友，并且对他说："这个笔记本是由大象的粪便制成的。"这个画面是不是很有趣？

当然，这不是一个恶作剧。如今，由大象粪便制成的"象粪纸"，已经成了斯里兰卡的国礼。

大象粪便笔记本来源于康提古城的大象孤儿院，这是斯里兰卡人为了救助那些与象群走失的大象而建的。大象孤儿院深受人们欢迎，成了斯里兰卡的必游景点之一。然而，虽然憨态可掬的大象让人忍俊不禁，大象也能在这个机构中健康地成长，但是大象孤儿院的负责人还是产生了一个烦恼：大象的粪便太多了！

　　有一天，负责人遇到了附近的一家造纸坊的老板，开玩笑地说："要是这些粪便也能变成纸就好了。"说者无心，听者有意。老板正为原材料不足而烦恼，他想："我也可以试着用大象的粪便造纸啊！"于是，他拉了一车大象粪便回到造纸坊。经过过滤清洗、粉碎打浆、筛浆脱水、压榨烘干以及压光后，奇迹出现了：大象的粪便真的可以变成纸！

　　此后，大象孤儿院再也不用为堆积如山的大象粪便而烦忧，大象粪便笔记本甚至成了这个国家最受欢迎的伴手礼之一。

　　你无须担心这份礼物拿不出手。其实大象的粪便没有臭味。不信的话，你可以闻一闻，只能闻到一股淡淡的清香。你还能选择纸张的颜色：吃棕榈树叶的大象的粪便是深色的，吃椰子的大象的粪便是浅色的。更重要的是，象粪纸完全是手工制造，所以每一张纸的纹路都不同。有什么比将这样一份独一无二的礼物送给亲人、朋友更有心呢？

第八章

寻味科伦坡，感受不一样的滋味

　　对很多人来说，科伦坡美食是说不尽的。因为他们能描述出这里的青蟹有多大，却无法表达出当肥美的蟹肉和蒜香四溢的酱汁结合在一起时，他们内心有多满足；虽然他们能说出椰汁酒有多少度，但是无法描述出和当地友人举杯畅饮时的快乐。或许，对他们来说，科伦坡食物之所以美味，主要是因为这些美食中蕴藏了一段美妙的回忆。

受当地人欢迎的油炸制品
——Shrimp Snack

如果你足够细心，就会发现斯里兰卡人极其偏爱油炸食品。在车站或路边摊中，常常能看到包裹肉的油炸制品；在各种海鲜餐厅里，也能品尝到裹了一层生粉的油炸鱿鱼圈；走在科伦坡的街头巷尾，你总能闻到油炸制品的香味。虽然这些食物并不健康，但是那诱人的香味总会让人忘记肥胖、高血压、心脏病的危险。

在众多油炸制品中，斯里兰卡人最喜欢一种叫 Shrimp Snack 的食物。这是一种将面饼和炸虾组合起来的小食——炸得酥脆的面饼上，整齐地摆放着几只炸虾。

面饼、虾、油炸制品，都是斯里兰卡人心中所爱。当飘着鲜虾香味的三轮车出现时，斯里兰卡人都像看到小鱼仔的猫一样，立刻将三轮车团团围住。游客也会购买这种食物尝个鲜。不过，对游客来说，相比品尝这种美味，他们更喜欢猜测小贩会给自己有两只虾的 Shrimp Snack，还是有四只虾的 Shrimp Snack。

具有自然风情的蒸馏酒——椰汁酒

若是问在斯里兰卡哪种水果最常见，椰子一定榜上有名。走在科伦坡街道上，那些高大的椰子树如同卫兵一般，守护着这座城市和人民。在各种热门景点，热情的小贩咧着嘴向游客叫卖便宜又好吃的金椰。甜如蜜的椰汁总能消除游客的疲惫，而脆滑的椰肉则能抚慰游客的心。

在这个时时刻刻能和椰子打交道的国度，喝一杯用椰汁制成的酒，似乎是一件再正常不过的事情。这是一种棕色的蒸馏酒，游客并不常遇到。只有和斯里兰卡人变成朋友，并且被他们邀请到家中做客，你才有可能喝到这种酒。

要注意的是，你可不要被斯里兰卡人豪爽的模样欺骗。别看他们喝得痛快，椰汁酒的度数可不低。要是多喝几杯，你就会发现世界开始旋转了。所幸，斯里兰卡人不会故意灌你酒，他们会拿出一听雪碧，让你兑酒喝。听取斯里兰卡人的建议吧！只有这样，你才能细细品味这种具有椰子风味的蒸馏酒。

美好的一天从 hopper 薄饼开始

清晨，当第一抹阳光洒在这个美丽的岛国时，斯里兰卡的街头巷尾弥漫起 hopper 的香味。人们揉着眼睛从家里走出来，时不时打个哈欠，似乎在控诉打扰了自己一个晚上的梦。乌鸦在树枝上低鸣，好像在和行人打招呼。不过，乌鸦的热情也没能将人们从残留的梦境中唤醒，人们依旧一副无精打采的模样。

只有在 hopper 的香味从远处传来时，他们才好似真正醒来，眼珠到处乱转，寻找那隐藏在街角的美味。

Hopper 就是一种碗形薄饼。它的原材料是米粉和椰浆，厨师将用这两种原材料制成的白色浆状物倒入一个小锅中，然后转动小锅，让白色的浆均匀地黏在小锅上。

在白色的浆变成圆形的薄饼后，厨师会在里面打上一个鸡蛋。每个人的口味不同，鸡蛋的成熟度也不同：全熟、半熟、三分熟……斯里兰卡人大多喜欢吃半熟的，因为那时 hopper 变成了最完美的艺术品：薄饼如同花瓣，金黄色的蛋如同花心。

当然，也有愿意探寻不同口味的人，如蜂蜜、芝士。总之，对这种极其常见的小吃，斯里兰卡人乐于发挥自己的想象力。

Hopper 一般是现吃现做。因此，一个厨师手艺备受称赞的小食摊前，也会出现"早高峰"。人们挤在小食摊前，眼巴巴地等着厨师为自己烹饪美味。看厨师熟练地晃动小锅，在薄饼里面放入鸡蛋、咖喱、芝士，闻到诱人的香气朝自己扑来，人们不由得咽了咽口水。

在拿到 hopper 后，人们往往还不等它变凉，就迫不及待地开动了。轻轻地咬一口，香气瞬间在嘴中弥漫开来，热气温暖了全身。hopper 并不大，甚至比手掌还要小，但是只吃了一个 hopper，人们好像就获得了无穷的力量，满怀希望地准备迎接一天的挑战了。

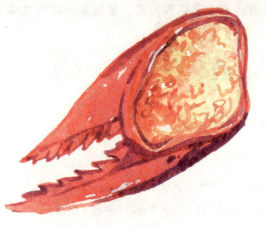

品尝斯里兰卡加大号青蟹

常有人说，斯里兰卡的青蟹是世界上最好吃的螃蟹。

虽然这句话有夸大之嫌，但是其实也有一定道理。在斯里兰卡，重达 1 千克的青蟹随处可见。如果你是一个有点挑剔的食客，那么只要费些工夫，也能找到隐藏在小众饭馆中的重约 2 千克的螃蟹。

单看这些螃蟹的重量，人们就能够想象出它有多美味。如果你是第一次吃斯里兰卡青蟹，那么在螃蟹才被端上桌的时候，可能就会开始惊叹——一整只螃蟹被装在一个巨大的盘子里，蒜香混着蟹肉的甜香迎面扑来。

你无须担心这只螃蟹名不副实，因为即使是蟹钳，也隐藏着肥美的蟹肉。而且不是只够你塞牙缝的大小，而是足够你咬上一大口。蒜香四溢的蟹肉混杂着酱汁，在嘴中开起了宴会。你也别急着陶醉，这只是一只蟹钳，新鲜肥美的蟹身还在后面呢！

鲜美又便宜的"海鸡肉"
——石斑鱼

——斤左右的石斑鱼，只卖 20 元，你是不是觉得很不可思议？

　　这种看上去不可思议的事情，在斯里兰卡却很常见。斯里兰卡盛产海鲜，这里的海鲜不仅便宜，还很新鲜。如果你进入的是一个靠海的餐馆，那么也许你品尝到的石斑鱼，昨天还生活在石头缝隙里呢。

　　石斑鱼有"海鸡肉"的美称，它细嫩的肉质类似鸡肉，而且营养丰富——蛋白质高、脂肪含量低，所以一直很受美食家的欢迎。

　　科伦坡几乎每家海鲜餐馆都有石斑鱼，而且这些石斑鱼的做法也多种多样。

　　口味重一点的食客，喜欢红烧或煎烤石斑鱼，厨师用斯里兰卡的各种香料让石斑鱼带上了异域风情。有些食客还喜欢让老板多加点辣椒，不过因为低估斯里兰卡辣椒的威力，他们常常一边用手给红艳艳的嘴巴扇风，一边感叹石斑鱼的美味。

　　在各种做法中，清蒸是最受人欢迎的。有什么比品味原汁原味的石斑鱼更美好？那些细细品味石斑鱼的人满足地想。

在海滩上自在地品味龙虾

看完落日，追赶完海浪，你就能去海滩上享受海鲜盛宴了。

天完全变黑后，科伦坡的海滩上会突然冒出很多临时搭建的海鲜小食摊。当你仔细一看，或许会感叹："这里根本不像海鲜摊，而像一个海鲜博物馆！"

的确，出现在这些海鲜摊上的，大多是国内见不到的海鲜，如长着满口尖牙的海鱼、比人脸还大的螃蟹等。游客和这些来自大海的生灵大眼瞪小眼，似乎在用脑电波交流彼此的姓名。

在这些海鲜中，最让人无法忽视的，是长约一尺、身上全是硬刺、青紫色的活龙虾。它们挥舞着大螯，似乎在展示自己的雄姿。

小贩们处理龙虾的手法很老练，不一会儿的工夫，一份鲜香四溢的龙虾就被端了上来。在昏暗的灯光下，看海浪来来回回，听海风轻柔的歌声，再咬一口肥美的龙虾，别提有多惬意了。

犹抱琵琶半遮面的鱿鱼圈

对于海鲜，斯里兰卡人的看法是：越原汁原味越好。无论是石斑鱼还是龙虾，斯里兰卡人都希望能够食客品尝到最原始的滋味。

因此，虽然你是在装修精致的餐馆中与这些海鲜相会的，但是从它们身上飘来的那股自然的气息，却会让你产生一种身处深海的错觉。

然而，在众多海鲜中，鱿鱼是个例外。无论是豪华的大酒店，还是简陋的路边餐馆，你都很难见到鱿鱼的真实面貌。它们就像那妆容精致的美人，人们很难看到它们卸妆后的模样。它们永远都被裹在厚厚的生粉中，你只能先咬一口酥脆的面包糠，才能品味到它们的滋味。

不过，斯里兰卡人并不在意是否能展现鱿鱼最真实的一面。当金黄色的鱿鱼圈出现在人们面前，人们立刻忘记了自己的原则。咬一口鱿鱼圈，让鱿鱼的自然气息和面包糠的酥香结合在一起，人们便再也无法忘记鱿鱼圈了。

让 Byriyani 抚慰你的心

感到饥饿时，一份 Byriyani 就足以抚慰你的心。

当你拉练似的走了一天后也许会忍不住感叹：虽然美景让人大饱眼福，但是无法安慰自己的胃。虽然心灵充实，但是身体"感觉被掏空"。而当你饥肠辘辘之时，一碗散发着香气的、有各种蔬菜和鸡蛋的炒饭出现在你面前，你会不会觉得很幸福？

这种炒饭就是斯里兰卡的特色炒饭：Byriyani。Byriyani 很有斯里兰卡风情，这一点在没有下嘴之前就能感受到——厨师使用了种类繁多的香料，让这道炒饭香气扑鼻。Byriyani 的味道也很不错，厨师用秘制的酱料，将米饭、蔬菜和鸡蛋紧紧包裹，能从一粒米饭中品尝出好几种滋味。

这还不是结束。当吃到一半时，还会惊喜地发现：炒饭里还埋着一只炸鸡腿呢！

变身炒饭的烙饼
——Kottu Rotti

走在科伦坡街头，常常能听到嗒嗒嗒剁铁板的声音。走近一看，就会发现这是一种类似炒饭或炒河粉的食物。老板用两把铁板刀将各种食材剁碎，让鸡蛋、辣椒、胡萝卜，以及鸡肉、猪肉的香味混杂在一起，让人忍不住咽口水。

其实，这道菜肴的主要食材既不是米粉，也不是河粉，而是烙饼。当地人将这种烙饼称为 Rotti，原指 Rotti 面粉，后来用这种面粉做出来的饼都被称为 Rotti。

Rotti 是一种极其常见的烙饼，其外形和味道都和我们平常吃的烙饼没有什么两样。如果一定要说有什么特色的话，就是斯里兰卡人会抹上当地特有的辣酱一起吃。

后来，斯里兰卡人将 Rotti 改良，发明了 Kottu Rotti，即将 Rotti 切碎后，加上肉、洋葱、鸡蛋、黄瓜等一起炒。Kottu Rotti 的味道十分丰富，更重要的是，它的分量很足，因而工作一天的斯里兰卡人很喜欢吃这种食物。

和蜂蜜相处融洽的酸奶

在科伦坡游玩时，常常能看到一种用陶罐装的酸奶，当地人将其称为 Curd。对那些曾去过北京，或者在北京生活的人来说，这种形式的酸奶十分亲切——类似老北京酸奶。

当你购买一瓶 Curd，坐在老板提供的小板凳上品尝这种酸奶时，你会更觉亲切。因为无论是它的外在——固化得极好的、如同北豆腐一样的模样，还是它的内在——顺滑细腻的口感，都与老北京酸奶类似。

不过，虽然这种酸奶的滋味不错，但是斯里兰卡人怎么会希望它仅仅只是"替身"？要给这种酸奶加上独特的个性才好。斯里兰卡人如是想。于是，他们发明了一种新式吃法：在酸奶里加蜂蜜。

舀上一大勺蜂蜜，让其与拥有象牙白皮肤的酸奶融合在一起，将甜味变成最灵敏的游击队员，在食客没有防备的时候，给其终生难忘的一击。这样一来，即使是将老北京酸奶当做零嘴的人，也会将这两者看作长相一致，但是性格大不相同的双胞胎。

纯天然无添加剂的美味
——鲜榨果汁

斯里兰卡人或许对榨汁有某种执念。无论是酸甜的木苹果，还是口味醇厚的牛油果，或者有点酸的百仙果，斯里兰卡人都坚定地认为，这些水果只能有一个归宿：榨汁机。

在斯里兰卡喝果汁是一件再简单不过的事情了。无论是在街道边装修精致的餐厅中，还是在沿街叫卖的小食摊上，你都能看见各式果汁的身影。纯天然不添加任何防腐剂的美味，再加上便宜的价格，总能吸引不少游客。

当地人习惯吃饭之前喝一杯牛油果果汁，让其醇厚的口感和咖喱的香气融合在一起。清爽可口的番石榴汁也颇受欢迎，有些人还会在其中加几片柠檬，以中和番石榴的甜味。

至于斯里兰卡人最喜欢喝哪一种果汁，或许连他们自己也不清楚，因为无论喝哪一种果汁，他们脸上都会绽放标准的"斯里兰卡笑"。

没有什么是一顿咖喱餐无法解决的

或许，斯里兰卡人信奉这样一句话：没有什么是一顿咖喱餐无法解决的，如果有，那就吃两顿。

斯里兰卡人极爱咖喱，每到饭点，大街小巷就弥漫起咖喱的香味。在斯里兰卡，你看不懂菜单也没关系，因为菜单上出现频率最高的一个词一定是：咖喱。而且在对待咖喱这种食材时，斯里兰卡人似乎总能最大限度发挥自己的想象力。

在斯里兰卡，咖喱鸡、咖喱鱼都是再正常不过的菜肴。为什么不能将咖喱和水果搭配在一起呢？斯里兰卡人想。于是，在这个神奇的国度，你还能品尝到芒果咖喱、凤梨咖喱、菠萝咖喱……

若是这都不能表现斯里兰卡人对咖喱的热爱的话，你不妨试一试大名鼎鼎的咖喱餐。或许你会不屑一顾地说："咖喱餐，不就是一些咖喱菜肴吗？有什么稀奇的？"

　　别急着嫌弃我大惊小怪，当你看到咖喱餐的全貌时便能理解我说的意思了。斯里兰卡的咖喱餐不仅有咖喱鸡、咖喱牛肉，还有菠萝咖喱，甚至连主食都与咖喱有关——咖喱饭。也就是说无论你选择什么，都不能逃出咖喱的"魔掌"。

　　你也不要被这些花样繁多的咖喱菜肴吓走，虽然它们都和咖喱有关，但是味道却不同。比如，在品尝咖喱鸡时，你会被其中的重口味折服——很容易就能品尝到其中的辣味，而当你因辣味而想要放弃时，椰香如同母亲一样出来抚慰你。

　　相比之下，菠萝咖喱就简单得多。即使有咖喱的参与，菠萝那股天然的果香依然被保留下来了。而咖喱的香气又让菠萝更有风味。

　　若是你想要更加贴近这个国家的脉搏，不妨点一份咖喱餐吧，让滋味各异的咖喱菜肴给你答案。